李计忠解《周易》系列

易界名家 独门首传

周易
与杂居环境

李计忠 著

团结出版社

© 团结出版社，2009 年

图书在版编目（ＣＩＰ）数据

《周易》与家居环境 / 李计忠著 . -- 北京：团结
出版社，2010.1（2024.12 重印）
　ISBN 978-7-80214-598-6

　Ⅰ . ①周… Ⅱ . ①李… Ⅲ . ①周易－关系－住宅－居
住环境－研究②周易－关系－住宅－室内设计－研究
Ⅳ . ① B221.5 ② TU241

　中国版本图书馆 CIP 数据核字 (2009) 第 240140 号

责任编辑：孟丹婷
封面设计：阳洪燕

出　版：团结出版社
　　　　（北京市东城区东皇城根南街 84 号　邮编：100006）
电　话：（010）65228880　65244790（出版社）
　　　　（010）65238766　85113874　65133603（发行部）
　　　　（010）65133603（邮购）
网　址：http://www.tjpress.com
E-mail：zb65244790@vip.163.com
　　　　tjcbsfxb@163.com（发行部邮购）
经　销：全国新华书店
印　装：三河市东方印刷有限公司

开　本：170mm×230mm　16 开
印　张：16　　　　　　　　字　数：205 千字
版　次：2010 年 1 月 第 1 版　　印　次：2024 年 12 月 第 5 次印刷

书　号：978-7-80214-598-6
定　价：49.00 元

自 序

在被称为千古绝唱的众多名言警句中，我认为，"宝剑锋自磨砺出，梅花香自苦寒来"两句，才具有字字千金的价值，因而很久以前就将其作为座右铭，时时吟咏，一日不敢忘怀。这对不善文墨的我来说，绝非是为了装点门庭，附庸风雅，而是切切实实感到这一诗句最能励志，也最能体现一位事业有成者的艰辛历程。

我虽十有五而志于易，但我的启蒙师父却留下一条严格的训戒：学易十年之内不可涉足地理风水，要集中精力专攻八卦、四柱、手面相三术。八卦六爻不仅是一门可以独立操刀济世的术数，更是一切术数的基础；而手面相是识人面、知人心，为人排忧解难最为快捷便当的门径，也须精通；四柱八字虽然易学难精，但与八卦六爻一样，是解悟一切术数的两把钥匙，至于地理风水，是优秀易学专家的必精之术，必须掌握。对以上几门具有了相当的根底之后，还必须具有一定的人生阅历才可深研风水；而且，还必须再深读十年，把三合、玄空、八宅等等几大门派的易理和技法都深谙于心，才可以匡世济人。

师训之所以如此严厉，是因为风水之术干系重大，不同于其他术数。其他术数言之有误，只是误人一时一事，而风水术言之有误，则会误人身家性命，甚至会贻害子孙后代，敢不慎乎！我研易四十余载，一直谨记师训。

我也有过雾里寻路般艰苦的学习过程，一朝开悟之后，才深刻体味到，恩师在立训时，尚有未尽之言，那就是风水之术太难把握，不仅因其涉及的因素太多，涉及的范围太广，更因其易理隐晦，方术驳杂，宗派太多，各执一说，莫衷一是，曾令多少古今学子茫然于易海，心灰意冷。

历代先贤也都曾倍感易术的繁杂之苦，也有人曾力主简约风水之术，如《地理五诀》《阳宅三要》等，这确实使许多身在五里雾中的学子有拨云见日之感。但时至今日，随着时代的不断进步，古典易学也应与时俱进，实现当代性的发展。

当前，由于大众日常生活的改善和经济运作的需要，几乎人人都在选择房宅，每个企业主都需要选择工厂、商铺、办公和营业会所。由于当代人风水意识的逐步树立，他们在选择时都是十分慎重、周密和挑剔的，而房产市场的产品等级和性能却是十分复杂的。从风水角度讲，几乎每处建筑群、每幢大楼、每套房宅都是不尽如人意的。我编写本书的目的，就是要将自古承传至今的、玄奥繁杂的风水理论，加以整理和归纳，使之融为一体，提其精华，弃其末节，删繁就简，以适应当代人的生活和事业需求。

谨愿本书能为当代诸君纳福，盈财，永步鸿运。

李计忠
己丑年辰月

目 录

自序

第一章 八 卦

第一节 八卦及其象征意义

一、八卦的卦象

八卦是我国古代人发明的，象征世界万物的八种特殊符号。这些符号是由阳爻（——）和阴爻（— —）构成的八种组合形式，它是人类生存环境中的八种场态。阳爻代表阳、刚、男、君、强和奇数等，象征积极的事物；阴爻代表阴、柔、女、臣、弱和偶数等，象征消极的事物。阴爻和阳爻是组成八卦最基本的符号。

乾卦 ☰（乾三连）　　　坤卦 ☷（坤六断）

震卦 ☳（震仰盂）　　　巽卦 ☴（巽下断）

坎卦 ☵（坎中满）　　　离卦 ☲（离中虚）

艮卦 ☶（艮覆碗）　　　兑卦 ☱（兑上缺）

二、八卦象征的意义

八卦作为一种符号，最初只象征宇宙间某种自然事物，代表天、地、风、雷、水、火、山、泽八种自然物质现象，即乾卦代表天，坤卦代表地，震卦代表雷，巽卦代表风，坎卦代表水，离卦代表火，艮卦代表山，兑卦代表泽。后来又经过推演，象征其他各种事物，《周易·说卦》中都有说明。常用的八卦象征事物如下：

1. 八卦配人体

（1）八卦与人体部位

震卦代表足　　　　　　巽卦代表股

坎卦代表耳　　　　　　离卦代表目

艮卦代表手　　　　　　兑卦代表口

乾卦代表首　　　　　　坤卦代表腹

（2）八卦与人体五脏六腑

震卦——肝；胆。

巽卦——肝；胆。

坎卦——肾；膀胱。

离卦——心脏；上焦、小肠。

艮卦——脾；胃。

兑卦——肺。

乾卦——肺。

坤卦——脾；胃、大肠。

（3）八卦占断人体疾病基本知识

乾卦：头、骨、肺、呼吸系统。体瘦、高热、高血压、糖尿病、忧闷、眩晕、食欲衰，头痛。

坎卦：耳、肾、膀胱、子宫、血。恶寒、疲劳，神经衰弱，血液，肾虚，胃冷、耳痛、耳聋、耳鸣，腰酸腿软。

艮卦：手、鼻、指、背、骨、脾、胃。手指之疾，脾胃病。

震卦：足盘、头发、肝、胆。精神异常，恐怖症，肝胆症，发狂，逆上痉挛，脚气。

巽卦：股、肱、气、胆。少肥胖，气力不足，风邪，抽筋，潜热，忧郁。

离卦：目、小肠、上焦、心脏。高热，目疾，心疾，声枯，逆上炎伤，视力衰乏，精神过劳，不眠症。

坤卦：腹、肉、消化器、脾、胃、大肠。大腹，腹病，脾胃病，肥满症，胃肠症，病下痢，饮食停滞，排不通。

兑卦：口、舌、痰、涎、咽喉、肺、呼吸系统。咳嗽，恶心，血行不顺，肺病，口舌疾病，咽喉炎，气逆哮喘，月经阻滞，淋病。

2. 八卦配动物

震卦——龙

巽卦——鸡

坎卦——豕（猪）

离卦——雉（野鸡、凤凰）

艮卦——狗

兑卦——羊

乾卦——马

坤卦——牛

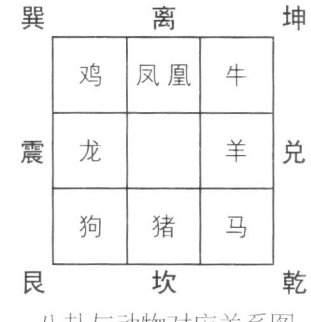

八卦与动物对应关系图

3. 八卦与家庭成员

八卦的结构是遵循"乾坤退居，六子用事"原则配置的，阳气往上升而阴气往下降。

震卦（三三）的阳气在下往上升，阴气在上往下降，阴阳二气相交后，阳气渐渐升腾而起，因此震卦配置于朝阳初升的东方，代表长子。

兑卦（三三）的阳气旺盛而居下，阴阳二气相交时，阴气渐渐增长，因此兑卦配置于阴气渐渐升起的西方，代表少女。

坎卦（三三）的阳气居于中间位置，位于北方，象征水，代表中男；

离卦（三三）的阴气居于中位，位于南方，象征火，代表中女。因坎卦的阳气与离卦的阴气均处于中位，属于阴阳相交的旺盛时期，所以把二卦配置在子午线上。

巽卦（☴）与艮卦（☶）的阳气都居于上位，而阴气居于下位，阳气往上升，阴气往下降，阴阳未能相交。因此把二卦配置在偏位上，即艮卦配置于东北，代表少男，巽卦配置于东南，代表长女。

乾卦（☰）内藏纯阳之气，故配置于西北，代表父亲；

坤卦（☷）内藏纯阴之气，故配置于西南，代表母亲。

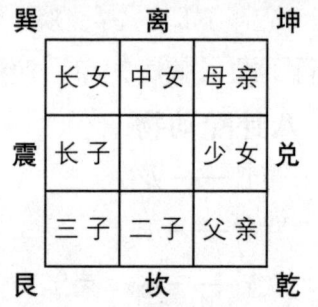

八卦方位与家庭成员对应图

4. 八卦与自然方位

震卦——东方

巽卦——东南方

坎卦——北方

离卦——南方

艮卦——东北方

兑卦——西方

乾卦——西北方

坤卦——西南方

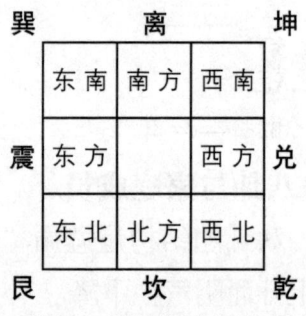

八卦与自然方位对应关系图

5. 八卦与阴阳

震卦——阳

巽卦——阴

坎卦——阳

离卦——阴

艮卦——阳

兑卦——阴

乾卦——阳

坤卦——阴

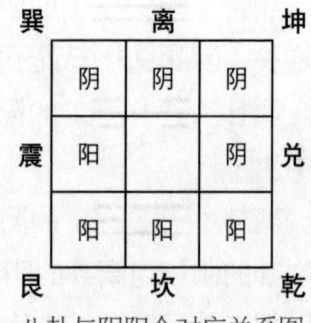

八卦与阴阳令对应关系图

6. 八卦与五行

震卦——木

巽卦——木

坎卦——水

离卦——火

艮卦——土

兑卦——金

乾卦——金

坤卦——土

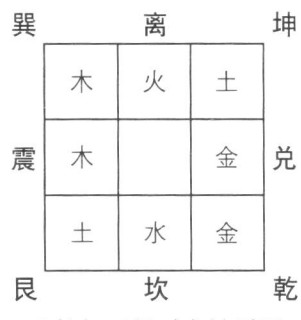

八卦与五行对应关系图

7. 八卦与颜色

震卦——绿色、青色

巽卦——绿色、青色

坎卦——黑色、蓝色

离卦——红色、紫色

兑卦——白色、金色

乾卦——白色、金色

坤卦——黄色

艮卦——黄色

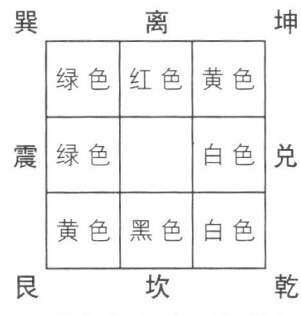

八卦与颜色对应关系图

8. 八卦与时令

震卦——正春

巽卦——春末夏初

离卦——正夏

坤卦——夏末秋初

兑卦——正秋

乾卦——秋末冬初

坎卦——正冬

艮卦——冬末春初

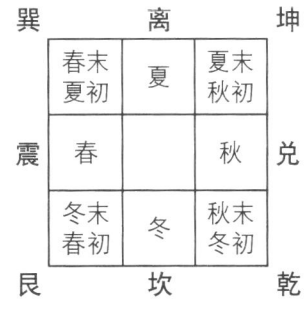

八卦与时令对应关系图

9. 八卦（后天）与节气

震卦——春分

巽卦——立夏

离卦——夏至

坤卦——立秋

兑卦——秋分

乾卦——立冬

坎卦——冬至

艮卦——立春

巽	离		坤
	立夏	夏至	立秋
震	春分		秋分	兑
	立春	冬至	立冬
艮		坎	乾

八卦与节气对应关系图

10. 八卦与生肖物品

震卦——兔饰物

巽卦——龙与蛇饰物

离卦——马饰物

坤卦——羊与猴饰物

兑卦——鸡饰物

乾卦——狗与猪饰物

坎卦——鼠饰物

艮卦——牛与虎饰物

巽	离		坤
	龙与蛇饰物	马饰物	羊与猴饰物
震	兔饰物		鸡饰物	兑
	牛与虎饰物	鼠饰物	狗与猪饰物
艮		坎	乾

八卦与生肖物品对应关系图

八卦的内容博大而精深，八卦的演绎启示了天地万物生存、发展与变化的原理，劝告人们应当自强不息，必须了解自然、利用自然、改造自然和顺应自然。中国的传统文化，历来注重"天人合一"的哲学思想，把人的生存环境与八种场态紧密地联系起来，又将八卦与人生命运相联系，揭示了人身小天地、天地大人身的天人感应的思想。

第二节　八卦配二十四山

一、二十四山所属八卦

八个卦，每卦45度，各管三山，每山15度，即八干四维十二支共二十四山。

离卦：管丙午丁三山，位居南方

坎卦：管壬子癸三山，位居北方

震卦：管甲卯乙三山，位居东方

兑卦：管庚酉辛三山，位居西方

巽卦：管辰巽巳三山，位居东南

艮卦：管丑艮寅三山，位居东北

坤卦：管未坤申三山，位居西南

乾卦：管戌乾亥三山，位居西北

二、二十四山配人体

丙：额、小肠

午：目、心、小肠

丁：齿、心、舌

庚：筋、大肠

酉：精血、肺

辛：胸、肺

壬：胫、膀胱

子：耳、膀胱、三焦

癸：足、肾

甲：头、胆

卯：指、肝

乙：肩、肝

未：脊梁、脾

坤：腹、胃

申：经络、大肠

戌：命门、足、腿、胃

乾：手、肺

亥：头、肾、心包

丑：肚、脾

艮：肚、脾

寅：手、胆

辰：肩、胸、胃

巽：股、胆

巳：面、咽、齿、心

第三节 先天八卦与后天八卦

一、先天八卦

1. 先天八卦图

　　八卦方位的分配有先天与后天的分别。相传伏羲氏仰观日月星宿分布，俯看地球自然环境，画八卦以配河图，成为先天八卦。先天八卦以乾配天、坤配地、震配雷、巽配风、坎配水、离配火、艮配山、兑配泽。天尊而地卑，乾为天居上而位于南方，坤为地居下而位于北方，依阳自左边转、阴自右边转的原则，按顺时针方向依次由乾到巽、巽到坎、坎到艮、艮到坤排列，阳爻产生的四卦在左边；按逆时针依次由乾到兑、兑到离、离到震排列，阴爻产生的四卦在右边。

　　八卦主要用于表示方位。先哲们把空间分成八个方向，用八卦分别代表。即乾卦居正南方，坤卦居正北方，离卦居正东方，坎卦居正西方，震卦居东北方，兑卦居东南方，艮卦居西北方，巽卦居西南方。先天八卦以乾坤代表天地定位，形成纵轴经线；以坎离代表水火界限，作为横轴纬线。相对的二卦阴阳相反，互为错卦。先天之气是万物生发之源，也是堪舆理气之源，无论是阳宅还是阴宅，都应以先天八卦为体，通过四正与四维卦象相配，实现源于天地间的流行之气达到真阴真阳的交合。

　　先天八卦图如下：

2. 先天八卦配洛书图

　　把洛书数装入先天八卦图中，得先天八卦配洛书图。先天八卦配洛书图中，从内往外看，第一圈的数是八卦产生的先后序数，称为八卦序数，即乾一、兑二、离三、震四、巽五、坎六、艮七、坤八；第二圈表示先天

伏羲先天八卦图

八卦名称与方位；第三圈为先天八卦的卦象符号；第四圈表示先天八卦的所在的八大自然方位，即乾卦居南方，兑卦居东南，离卦居东方，震卦居东北，巽卦居西南，坎卦居西方，艮卦居西北，坤卦居北方；第五圈为洛书数。如下图：

从先天八卦配洛书图中可以看出，先天八卦数就是先天八卦方位所对应的洛书数，即坤一、巽二、离三、兑四、艮六、坎七、震八、乾九。

二、后天八卦

1. 后天八卦图

后天八卦图是周文王根据先天八卦演变出来的，又称文王八卦图。后天八卦图与先天八卦图不同，它是以震卦位列正东为起始点，按顺时针方向，依次为巽卦居东南，离卦居正南，坤卦居西南，兑卦居正西，乾卦居西北，坎卦居正北，艮卦居东北。后天八卦又象征节气，分别是震为春分，巽为立夏，离为夏至，坤为立秋，兑为秋分，乾为立冬，坎为冬至，艮为立春。

2. 后天八卦配洛书图

把洛书数装入后天八卦图，得后天八卦配洛书图。如下图：

先天八卦配洛书图（从内往外看）

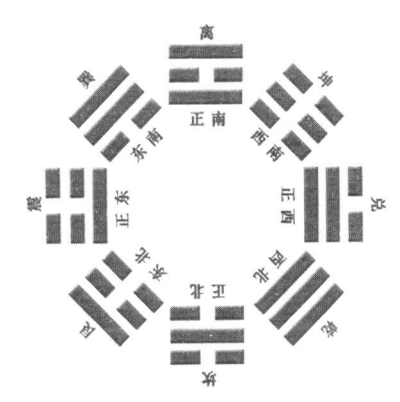

后天八卦图（从内往外看）

在后天八卦配洛书图中，由内往外看，第一圈为代表自然方位，即东、南、西、北；第二圈是洛书数，也就是后天八卦数，即坎为一数，坤为二数，震为三数，巽为四数，中宫为五数，乾为六数，兑为七数，艮为八数，离为九数；第三圈为八卦的卦象，即：震仰盂 ☳，巽下断 ☴，离中虚 ☲，坤六断 ☷，兑上缺 ☱，乾三连 ☰，坎中满 ☵，艮覆碗 ☶；第四圈是后天八卦名称；第五圈是八卦所代表的事物。

后天八卦配洛书图

把后天八卦装入洛书图中，就形成了洛书九宫图。如下图：

古人标记方位的做法与现代人的做法刚好相反。古人标记方位的法则是"上南下北、左东右西"，现代人标记方位的法则是"上北下南、左西右东"。

东南	南方	西南
巽四	离九	坤二
震三	五	兑七
艮八	坎一	乾六
东北	北方	西北

（东方在中排左侧，西方在中排右侧）

洛书九宫图

第四节　八卦串九宫

八卦串九宫，就是将后天八卦配洛书图，形成的一个具有实在意义的风水理气基础中最重要的图表。这个图表中，以"五"数占居中宫，其余八宫为八卦所居，实际是以"五"数代表中宫的后天八卦图，我们把它称为八卦九宫图，也叫易卦九宫图或洛书九宫图。如下图：

八卦九宫图中的九宫数、八卦及方位的对应关系是：坎卦串一宫，位居正北方；坤卦串二宫，位居西南方；震卦串三宫，位居东方；巽卦串四宫，位居

东南	南	西南
四巽	九离	二坤
三震	五中宫	七兑
八艮	一坎	六乾
东北	北	西北

（东在中排左侧，西在中排右侧）

八卦串九宫图

东南方；五代表中宫，位居中央；乾卦串六宫，位居西北方；兑卦串七宫，位居西方；艮卦串八宫，位居东北方；离卦串九宫，位居南方。

八卦串九宫图即是八卦配九宫的特殊图式，它是由后天八卦配洛书九星飞行轨迹图形成的。图中蕴藏着自然界和人类社会生活中很多重要的秘密，一个八卦方位不仅仅只代表一位家庭成员或人身体上某个部位的情况，而代表着成千上万的事物和信息；图中的每一格虽然只有一粒星宿，但是它却包含着不计其数的吉凶祸福的信息。学习风水首先要学懂八卦，因为八卦是占算峦头和理气吉凶信息的基本法则，还要懂得洛书九宫所代表的八大自然方位以及九宫代表的事物信息，然后有效地运用八场五态的基本原理布局好家居住宅风水。

一、九宫代表的事物

1. 一白坎宫

五行：水

人物：中男、盗贼和匪类之人

身体：耳、血、肾、精

疾病：耳、血、肾等疾病

物品：鱼缸、猪

形状特征：连绵不断而呈现水波状

色彩：黑色、蓝色

方道：北方

2. 二黑坤宫

五行：土

人物：母亲、45 岁以上的妇女、农妇、众人、老妇人

身体：腹、肉、脾、胃

疾病：腹病、脾胃之疾、饮食不化、谷食停滞

物品：陶瓷制的方形容器

外形特征：方形、平坦

色彩：土黄色、棕色、褐色或咖啡色

方道：西南方

3. 三碧震宫

五行：木

人物：长男

身体：足、肝、胆、头发（卯木）

疾病：足疾、肝病、胆病

物品：木制的长形家具，竹雕刻的造型物、大型花草、大树木

外形特征：呈长形、高大

色彩：绿色（草绿色、叶绿色、翠绿色、青绿色）

方道：东方

4. 四绿巽宫

五行：木

人物：长女、寡妇、僧道

身体：肱、股、胆

疾病：股肱之疾、风疾、抽筋、中风

物品：盆栽植物、小型花草、小树木

外形特征：高大且长形

色彩：绿色

方道：东南方

5. 中宫——五黄土宫

五行：土

人物：妇女

身体：肚子、脾、胃、大肠

疾病；肿瘤、癌症、精神分裂症。

物品：古董物件，罗盘、扫帚以及一些怪异的物品

外形特征：方形或扁形

色彩：黄色、茶色、棕色

方道：中央

6. 六白乾宫

五行：金

人物：父亲、45岁以上的男性、老年男人

身体：头、肺、骨

疾病：头病、肺疾、盘骨疾病、上焦疾

物品：豪华尊贵物件，如黄金、宝石制品、真水晶、水晶制品等。

外形特征：圆形

色彩：白色、金黄色、银色、乳白色

方道：西北方

7. 七赤兑宫

五行：金

人物：少女、保姆

身体：口、舌、喉、肺

疾病：口、舌或咽喉之疾、气逆上冲、哮喘疾。

物品：少女图片、明星照片、葫芦、象棋、艺术刀具及五金制品。

外形特征：圆形

色彩：白色、金黄色、银色、乳白色

方道：西方

8. 八白艮宫

五行：土

人物：少男

身体：手、指、骨、鼻、背、脾、胃

疾病：手指病、脾胃之疾。

物品：陶器、水壶、花瓶

外形特征：方形、梯形

色彩：土黄色、茶色、褐色、咖啡色

方道：东北方

9. 九紫离宫

五行：火

人物：中女、文人、军人

身体：心、眼睛、上焦

疾病：目疾、心病、上焦病、流行病

物品：镜子、太阳镜、人造花、微波炉、手电筒、化妆品、飞机及枪炮模型物品。

外形特征：尖形

色彩：红色、朱红色、紫色

方道：南方

二、八场五态与家庭布局玄机

八场是指八卦理气的八种场态形式，即后天八卦乾、坤、艮、巽、坎、离、震、兑，包容的阴阳五行的玄妙气场；五态是指自然事物的"金、水、木、火、土"五种基本属性。

1. 坎卦场态与水五行

坎卦代表正北方，五行属水。在家庭成员中，坎卦风水影响中男的运势、事业和身体健康等。在家居摆设中，鼠、鱼、猪等动物属于坎卦。

水五行具有冷静、向下流动的特性。在家庭风水中，水代表卫生间（含洗手间、厕所和浴室）、养鱼缸、蓄水池猪和老鼠。五行属水的事物与坎卦融洽，但与火会发生冲突。家庭中的卫生间、水池、水缸等水性事物的摆放要合理，忌靠近火性物品。家庭里的火性事物有炉灶、电视机和香炉，忌摆放于坎卦。

2. 离卦场态与火五行

离卦代表正南方，五行属火。在家庭成员中，离卦风水影响中女的运势、事业、婚姻和身体健康等。

在家居摆设中，离卦代表火位，一般是指灶位、马饰物、电视机、室内受太阳曝晒的地方和设在正南方的门窗。

在人体上，离卦代表眼睛、血液（火红色）、心脏和上焦。若家宅的南方犯了风水上的煞气，则家人就会患眼病、心脏病和上焦病，男性容易招致血光之灾或弄伤手脚。

火五行具有炎热、向上的特性。在家居风水中，火代表炉灶、电视机、电脑、电池充电器、辣椒、干姜、胡椒、电灯泡、长条灯管、小孩用的电动玩具车、红色物品等。

若想增强家中的火气，则可在离卦火位摆放五行属火的物品，但必须考虑火性影响的结果。厨房是家庭妇女的天下，炉灶代表主妇，也代表主妇的桃花，离卦火旺之地代表桃花，而桃花代表贵人和异性情缘。若把炉灶设置于离卦，则家庭火气大大增旺，会使人原有的人缘和桃花运变质，甚至走向反面，招来野桃花。

3. 艮卦场态与土五行

艮卦代表东北方，五行属土。在家庭成员中，艮卦风水影响家中幼男的运势和身体健康等。在家居摆设中，艮卦代表四方形的物品、小孩的玩具、画中的小人物和牧童骑牛陶瓷塑像等物品。

土五行具有培育、化生的特性。在家居风水中，土代表陶瓷制品、杂物，还代表二黑、五黄煞星的超强煞气。

4. 兑卦场态与金五行

兑卦代表正西方，五行属金。在家庭成员中，兑卦风水影响家中幼女的运势和身体健康等。在家居摆设中，兑卦代表鸡饰品。鸡是桃花动物，既可旺桃花，又可制桃花，因此兑卦与桃花、色情结下不解之缘。兑卦代表人的肺、口、舌、咽喉，若家庭的西方犯了风水上的煞气，那么家人（特别家中幼女）就会患肺病、口舌疾和咽喉部位的疾病。

金五行具有清静、收杀的特性。在家居风水中，金代表所有金器、铜器和尖利的金属物件。金也代表鸡和猴子，猴子与鸡通常是指用铜制成的生肖动物饰品，猴子也可理解为"齐天大圣"（孙悟空）。命局缺金者，家里可

（齐天大圣塑像）

拜请"齐天大圣"，把"齐天大圣"塑像摆放于家宅大门边，又有驱除邪气和镇宅的作用。

5. 震卦场态与木五行

震卦代表正东方，五行属木。在家庭成员中，震卦风水影响家中长子的运气、婚姻、事业和身体健康等。在家居摆设中，动物龙、兔、蛇都属于震卦，树木盆栽也属于震卦。兔是桃花动物，且重于偏桃花，若在震卦摆放兔饰物，则应注意考虑后果。

木五行具有条达、生发的特性。在家居风水中，木代表木门、木地板、木床、木柜、木器和图画书籍等等，还代表花草树木、兔饰物和猫饰品。猫具有木火二种五行，能招财，若把猫饰物摆放在家宅的东方，再配一匹马，可旺事业、又能招财。

6. 巽卦场态与木五行

巽卦代表东南方，五行属木。在家庭成员中，巽卦风水影响家中长女的运气、事业、婚姻和身体健康。巽卦代表人体上的大腿、盘骨和尾龙骨的组合位置，亦代表肝胆和筋骨，若家庭的东南方犯了风水上的煞气，那么家人特别是长女就会患肝胆、筋骨风湿方面的疾病。在家居摆设中，动物龙、蛇和鸡均属于巽卦，小型花草树木盆栽也属于巽卦。

木五行代表兔饰物和花草树木盆栽。

7. 乾卦场态与金五行

乾卦代表西北方，五行属金。在家庭成员中，乾卦风水影响家中男主人的运气、事业、婚姻和身体健康等。在家庭住宅中，乾卦代表父亲、男主人；在单位中，乾卦代表领导、第一把手。在人体上，乾卦代表头、肺、胃等部位；在家庭摆设中，动物马、大象、狮子、天鹅、猪等均属于乾卦。

金五行代表金属制品，如铜铸的鸡和猴，还有其他金属制品，都可以摆放在五行属金的方位。

8. 坤卦场态和土五行

坤卦代表西南方，五行属土。在家庭成员中，坤卦风水影响家宅中母亲、女主人运气，并对其事业、婚姻和身体健康等产生影响。坤卦掌管人的脾胃，若西南方犯了风水上的煞气，那么家人就会患脾胃疾病；若在西南方摆设吉祥物品，能提升该方位的能量，那么家人的脾胃消化能力很强，还会出现大肚腩的人。

土五行代表脾胃、皮肉。如果将五行属火的物品放在土位上，火能生土，那么土太旺会影响脾胃功能，造成胃热。充电器、灯泡、电视机和电脑等，都是五行属火的物体，将这些东西放在土位上，可以大大地增旺火气，火能生土，（灯泡（灯管）是火很旺的物品，但灯泡的颜色可供人选择，白色代表寒光，适合忌火的人或忌火的方位使用，黄色代表热光，适合需火的人或需火的方位使用。炉灶的火气最强烈，无论设置在哪个方位，它都会对该方位的磁场造成不良的影响，若把炉灶摆放在西南方，那么灶火旺盛，必然会使西南方的磁场受到破坏，导致脾胃功能降低，主人容易患胃炎、胃癌等症。

第二章
八卦在阳宅
风水上的运用

第一节　阳宅八大自然方位

一、八大方位与八卦及干支的配属关系

后天八卦是乾、坎、艮、震、巽、离、坤、兑，这八个卦在罗盘上的位置分别是：乾居西北、坎居北方、艮居东北、震居东方、巽居东南、离居南方、坤居西南、兑居西方。

十天干甲、乙、丙、丁、戊、己、庚、辛、壬、癸，除了戊、己二干处于中央位置外，其余八干在八大方位中都分别占有位置，即甲乙位于东方、丙丁位于南方、庚辛位于西方、壬癸位于北方。

十二地支子、丑、寅、卯、辰、巳、午、未、申、酉、戌、亥，在八大自然方位中的位置是：子在北方、丑寅在东北、卯在东方、辰巳在东南、午在南方、未申在西南、酉在西方、戌亥在西北方。东、南、西、北四个方位正中分别用地支卯、午、酉、子代替，东南、西南、西北、东北四个方位正中分别用巽、坤、乾、艮表示。

八个方位各配一个卦，而每一个卦又配以天干或地支，用以表示卦中具体、微妙的五行气场。八大方位、卦和干支的包容及配属关系如下：

北　方：坎卦，配壬子癸三山。

东　北：艮卦，配丑艮寅三山。

东　方：震卦，配甲卯乙三山。

东南方：巽卦，配辰巽巳三山。

南　方：离卦，配丙午丁三山。

西　南：坤卦，配未坤申三山。

西　方：兑卦，配庚酉辛三山。

西　北：乾卦，配戌乾亥三山。

风水的操作是以八大方位为基本点的，若要使风水催吉成功，就必须掌握八大方位的位置和判断吉凶信息的方法。只有灵活运用八个方位，最大限度地发挥北方、东北、东方、东南、南方、西南、西方和西北这八个方位蕴藏的巨大能量，才能达到提升家庭运气的目的。

二、八大方位的能量与主宰运气

在八大方位中，各个方位都蕴藏着不同性质的能量，掌管着人世间不同的运气。在家居住宅中，灵活地开发与运用好各个方位的能量，是风水催吉成功的关键。下面介绍八大方位的能量性质及其主宰人间的运气：

1. 西北方

西北方主管贵人运和事业运，主宰着被提拔或失业的运气。若想得到上司的信任、重用和提拔，避免遭受降职或失业的厄运，就必须开发西北方位的能量。

住宅西北方的能量与一个家庭中男主人的运气存在着密切关系，男主人一定要利用好西北方位。

在住宅的西北方摆放吉祥物，不仅可以培养男主人健康的身体，还可以提升男主人的财官运、事业运和婚姻运。

2．西南方

西南方主管财运和桃花运。

住宅西南方的能量与家庭女主人的运气存在着密切关系，合理、有效地开发与利用西南方的能量，可以提升家庭主妇的综合运气，能给她带来长久的利益。

3．东方

东方主管事业运和子孙运，还跟人的身体健康存在着密切的关系。

住宅东方的能量与家中长子的运气紧密关联，若想提升长子的运气，就要合理、有效地开发和利用东方的能量。

东方有活跃和发展的含义，若在东方适当地摆放吉祥物，则可以使长子的活力、财运、事业运及爱情运势得到提升，还能使家人身体健康、开心快乐。

4．东南方

东南方主管人的读书运（即文昌运），具有提高人的悟性、思维判断力和智商的能量。若想提高家里子女的读书聪明度，则必须合理的、有效的开发和利用东南方的能量。

住宅的东南方是一个家庭中长女的方位，合理、有效地开发与利用东南方的能量，不仅可以提升家里子女读书的运气，特别能给长女带来更多的益处。

把住宅东南方的房间做书房，再在书桌旁边的墙壁上倒吊挂毛笔或在书桌的边角处摆放一尊文昌塔,可使人的头脑聪明、思维敏捷,对提高人的智商能起到不可替代的作用。

若想调整和提升家中长女的运气，就要让长女睡在东南方位或在东南方位摆放一些吉祥物类的风水法器。

5．北方

北方是主管人的读书运，代表人到中年文运发达。

住宅北方的能量与家里中男的事业、婚姻、身体和运气存在着密切的关系，若能合理、有效地开发和利用好北方的能量场，则不仅可以提升家人的悟性和思维灵敏力度，同时还能给中男带来无穷无尽的益处。

北方是北斗七星的星主文曲星所在地，这里是开发智商最理想的方位。一个家庭住宅中除了东南之外，若把书房设置在北方位置，则是比较明智的选择。在北方适当放置一些金属吉祥物，可以强旺北方的风水磁场，对中男身体健康、事业和婚姻等均能带来良好的影响。

6. 南方

南方主管人的名声运和桃花运。布置好住宅南方的风水，可为家庭带来好的声誉，同时还可以使子女的恋爱和婚姻和顺、美满。

住宅的南方是家里次女的方位，南方风水磁场的吉凶会对次女造成直接影响。若能合理、有效地开发和利用南方的能量，则可以提升家里次女的运气，同时可以造就甜蜜美满的婚姻。

南方五行属火，喜用色彩为红色和紫色。若想通过调理来增强住宅南方的磁场能量，就应根据南方的五行特性，摆放一些有弥补作用的吉祥风水物品。

7. 东北方

东北方主管子孙运和财运、信念运和祖居运。东北方的能量与一个家庭人丁的兴衰和财运的好坏有着必然的联系。若想旺丁和催财，就必须调整好东北方位的风水。

东北方位的五行属土，代表人体中的脾、胃（消化系统），若住宅的东北方位建鸡舍、猪栏或厨房、厕所等，则会破坏该方位的气场，导致家人脾胃的消化能力大大降低。

东北方是代表家里幼子（少男）的方位，东北方的风水吉凶，都会对少男直接产生有利或不利的影响，因此应重视东北方的风水磁场。

8. 西方

西方主管着家人的财运。西方的能量与一个家庭的财运的好坏有着密切的关系，若想旺财、催财，就必须重视住宅西方的风水磁场。

西方的五行属金，代表人体上的肺呼吸系统和咽喉。若住宅的西方位置建鸡舍、猪栏或厨房，或作粪堆及摆放肮脏的东西，则会破坏该方位的气场，导致家人肺部的免疫力降低，容易患上肺疾或呼吸系统疾病、咽喉炎。

在八卦上，西方为兑卦，代表家庭中的幼女（少女）。若房屋的西方位置缺角或建厨房、摆放电视或堆放杂物等，使西方的气场变为凶相，则容易使家中的幼女变成不听话的孩子，身体健康也会受到不良的影响，家里人也会患咽喉炎、哮喘或支气管炎。

注：在八卦九宫中，虽然八卦方位的能量对人的影响很大，能给各位家庭成员的综合运势产生直接影响，但是中宫的能量与主宰运气也是不可忽视的。将房屋的平面分成九等分，位于正中的那一块称为家宅的中宫，房屋的八卦九宫方位是以中宫作为量度方位的基准点。

中宫是房屋中很重要的地方，可以影响全屋家庭成员的运程。中宫的五行属土，土代表人体上的脾胃，同时中宫位于房屋的中心部位，相当于主人的心脏。必须保持中宫的高度清洁和明亮，千万不可堆放杂物或放置笨重的家具，否则会对主人的身体健康构成不利的影响。在中宫摆放一些铜制吉祥物，不仅可以给宅主一家带来好的运气，还可以增强人的身体素质，又能起到增旺人缘的作用。

第二节　阳宅分房与家运风水凶应信息

一、阳宅分房八卦定位

乾西北为阳，五行属金，代表老父，老父宜居西北；

坤西南为阴，五行属土，代表老母，老母宜居西南；

震东方为阳，五行属木，代表长男，长男宜居正东；

巽东南为阴，五行属木，代表长女，长女宜居东南；

坎北方为阳，五行属水，代表中男，中男宜居正北；

离南方为阴，五行属火，代表中女，中女宜居南方；

艮东北为阳，五行属土，代表少男，少男宜居东北；

兑西方为阴，五行属金，代表少女，少女宜居西方。

二、家人定位与家运风水凶应信息

一个家庭中的所有成员各有定位，按照八个方位各自代表的内涵和意味所在，可以判断家人的幸福、安康和凶祸情况。

西北方具有"阳刚、健全，而且圆满充实"的意思，在不考虑人的生肖等方面的情况下，这个方位是一家之主的至尊方位，这个定位叫做"主人的定位"。主人定位在西北，这个方位有缺角、厕所、厨房、粪坑、牛栏、猪圈和下水道等不良因素的影响，都会破坏男主人的运气和身体健康，难得贵人扶持，事业上没有成就，社会地位不安定。

西南具有"培育、生产一切事物"的能量，是家庭主妇的方位。主妇定位在西南方，这个方位有缺角、厕所、厨房、粪池、污水坑、变压器等，都会破坏家庭主妇的运气及身体健康，主妇的举止也会变得粗野，失去谦虚的态度和贤惠的风范。

长男的定位在东方，若东方缺角，则不利人丁。丁少的家庭，大多数东方存在缺角或有粪坑、厕所、变压器、高架桥、屋角和直路冲射等。这些不良因素的影响，对长男的运气、婚姻事业和身体都会带来不利的影响。

次男定位在北方，正北方子位若有厕所、下水道、牛栏、猪圈、厨房、高架桥、屋角和直巷冲射等，对次男的运气、婚姻事业和身体健康都会带来不良的影响。

三男定位在东北方，这个方位的艮位有车库、厨房缺角和厕所等都为凶断，容易招来灾祸，而且三男个性别扭、孤癖。

长女定位在东南方，这个方位有缺角、有粪池、厕所等不良因素，灾害将祸及长女。东南方风水不好，长女会变懒惰，依赖心变强，而且运气、事业和婚姻不顺。

次女定位在南方，南方的午位有缺角、厕所、浴室、厨房、变压器等凶物，都会使次女的心性变态，性格孤独，而且运气低沉、事业、婚姻不顺。

三女定位在西方，西方的酉位有缺角、厨房、高架桥、变压器等，三女的运势低沉，而且变成不听父母话的孩子，身体上也会出现毛病。

第三节　八卦与房屋内外五行

家居风水不仅是我们每一个人关心的课题，外国人也在研究。主要是因为家居风水的好坏，会直接对宅主一家人的事业、财官运、身体健康、婚姻和子女的成长等产生积极或消积的影响。

房屋对人产生有利或不利的影响，主要是通过外五行与内五行的吉凶信息反映出来的。房屋外五行是指家居住宅外部环境中金、水、木、火、土五种事物的分布方位及其喜忌情况；房屋内五行是指房屋内部的五行，也就是指家居内部金、水、木、火、土五类事物的布局及搭配情况，比如家居中的厨房五行属火、客厅五行属金、卫生间的五行属水、卧室和书房五行属木；又如方形的物件五行属土、圆形物件属金、波浪状物件属水、长条形物件属木、尖状物件属火等；在家居内部空间中的东、南、西、北等八个大方位又各具五行性质。

一、房屋外五行五大看点

房屋外部空间东、南、西、北等八个大方位不能犯煞气，分布于各个方位上事物的五行属性要与方位五行相生或比和。在这样的环境建房居住，才能使宅主一家人受益。下面介绍房屋外五行的四大看点。

1. 门的朝向

房屋的大门要开在当运的旺方，门前要有宽阔聚气的明堂；门口不能对着公安局、检察院、医院、政府机关和监狱的大门，也不能对着人行天桥、高架桥、屋角、庙宇、祠堂、坟场、火葬场和直冲而来的巷道或马路。

2. 地势与山水分布情况

地势西高东低、北高南低、西北高东南低和东北高西南为平地，以吉论；反之以凶论。房屋应依地势而建，后边要高，前边要低，前高后低为凶象。高处就是山或丘峰或成片森林，形状要和谐、美丽、有情；低处就是水或道路或是绿化植物。山要聚气或环抱有情，道路要弯弯曲曲引气入宅，绿化植物应中等高低且浓郁芳香、充满生气。地势西高东低，但建筑物要东高西低或左高右低，能发财、发人丁，利健康、利事业。

勘察一所房屋，一到现场必须弄清楚东、南、西、北四正方向，然后根据四正方位的高低喜忌和山水分布喜忌进行吉凶判断。凡是朝南的房屋，西边不宜有大道，也不能有河流和聚水池塘，否则不聚气、不聚财，主人身体容易生病，事业受阻以及夫妻关系不协调。朝南的房屋，西边有水为桃花水；朝北的房屋，西边为左边，为青龙方，西边有水为青龙得水，大吉。朝南房屋的东边和东南边有河流为青龙得水的大吉之象，能聚财气、旺事业，主人身体健康。朝南的房屋，东边和西边二个大方位山水的分布非常重要，特别是西边有大马路或有大水，主人身体一定不健康，呼吸器官、肺部、肝部和咽喉容易出现病变，也容易发生意外，血光之灾难于避免。

凡房屋外部环境中，西水东流、北水南下为顺流水，符合大自然规律，大吉；凡房屋外部环境中，东水西流、南水北上为倒流水，是违背大自然规律的，大凶。水象征人的血液，房屋建在有倒流水的环境中，人容易患血液病、高血压和心脏病。

西方有池塘、厕所、浴室等跟水有关的东西，家中男女异性关系紊乱，特别是酉位有污水来冲犯，家里女的会犯桃花，务必留意。若西方有池塘或厕所，同时西南方存在缺角的情况，那么家里一定有女人犯桃花；若西方有池塘或厕所，同时家宅的西北方存在缺角情况，那么家里一定有男人外遇。把西方的池塘填平或把西方的厕所改变，可制住桃花煞。

西方和女性的关系十分密切，若西方缺角，夫妻生活不圆满。对于女性，无论是家中长女、次女或三女，婚姻的成败关键在于西方。若西方有厕所、池塘、水井、下水道等跟水有关的东西，那么女性婚姻成功的希望很渺茫，虽然他们的气质、容貌等方面均佳，但婚姻事就是谈不拢。若家里有未婚的单身女性，那么必须尽早重视西方的水性东西，以免女儿错过婚期。西方用作客厅、卧室、书房或西方有突出的情形，大利女性的恋爱和婚姻生活，但夫妻主卧室设在住宅的西方位置，而室外或院内有池塘、或有水井，那么极容易使丈夫的性功能衰退，结果造成妻子红杏出墙。

3．水井

（1）在院外打井的情况：

坐北向南的房屋，东北方、北方和西北方分别为福、禄、寿三山，是住宅八大方位中最为致命的方位。

东北方为子孙福山，不宜打井；若在东北方打井取水，则会出绝户，长房子孙难存，会绝后！

北方为禄山，忌打井；若在北方打井取水，则二房出绝户。

西北方为寿山，忌打井；若在西北方打井取水，则家中老父难存，也使三房人丁受损。

南方打井则水破天心，必定导致官司口舌连年不断，严重者必家败人亡。

东方和西方为住宅两腰间，两腰打井容易损胎，断绝子孙，是绝户井。

东南方和西南方打井为福井，有益无损。东南方打井是青龙井，大吉大利；西南方打井水甜，但西南方不是来脉地方以吉断，若西南方为来脉之地，打井则必伤老母、祸及长女；八运，在西南方打井大吉。

以上说的是坐北向南房屋打井的吉凶方位，其他坐向的房屋不能死板硬套。一般地说，打井的吉利方位是房屋的青龙方，最忌方位是白虎方（屋右）。

（2）在院内打井的情况：

住宅院内挖井，由于空间局限，加上饮用人数过少，井水久积容易发生腐败变质，损害家人的身体健康。虽然在院外挖井，用水实在不太方便，但可避免或减轻院内设井给家人带来的不利因素。

　　自古以来，就有"水井是水神的驻地"的说法，无论在院内还是院外打井，都须敬重水神,否则会招来灾祸或患上原因不明的疾病。古人的说法渗透着浓重的封建迷信思想,把水井对人的不利影响推向神化的地步,其实水井对人产生吉凶的影响,关键在于方位的吉凶。从整体房子的中心看，院子的东南方、东方打水井最吉利。东方和东南方打井为青龙井，井水清甜味美，长期饮用可使家人身体健康,特别是东南方的辰位打井大吉大利。最不利打井的方位是住宅东北方的丑艮位、西北方的戌乾位、西方的酉位、北方的子位和南方的午位。坐北向南的房屋，东北方为福山子孙位，北方为禄山，西北方为寿山，在这三个方位打井取水，会造成损丁、折寿或失去贵人的扶助。

　　如果宅地上有古井或废弃水井，或已在东北表鬼门、西南方坤位等不吉利位置打井，那么都会造成不吉祥的后果，最好将它掩埋掉而另择吉位打井。千万不可将废物、污物、垃圾等肮脏的东西丢进井掩埋，否则必然招来不可抵制的灾祸。古人掩埋水井都必须举行"埋井仪式"，在埋井之前要请德高望重的道士念咒，恭请掌管水井的水神安静地移动。接着用水桶放进井里灌水，当作水神移到一个吉利而安静的地方，然后把井底的泥土全部取上来，用溪沙和细石掩埋井底一米深，最后用新土填实。这是古人埋井的做法，虽然我们作为当代人不可死搬硬套，但埋井前先将井底的污泥取净是十分必要的。如果在掩埋水井的遗迹上盖房子，那么至少要在掩埋后经过一年时间以上，而且水井遗迹上面不宜设置客厅（起居室）、卧室和餐厅，最好设置橱柜、接待室或卫生间等次要空间。

4. 池塘

水是神圣的，万物生长都需要水。人体里含有 60% ~ 70% 的水份，生物与水存在着密不可分的关系。

自古以来，人们喜欢在自己的屋外宅地内建池塘，用于观赏，增添生活上的情趣。但从风水上角度来说，在住家的宅地内挖池塘是有禁忌的，若不考虑八卦理气的利与弊，而盲目开挖池塘，往往容易招来凶祸。最常犯的毛病是主人的血液循环不佳，身体虚冷，另外由于水面反射阳光，容易损害人的眼睛。如果开挖池塘的面积太大，水份过多的状态就会使宅地土壤的能源相对减少，引发腐败现象，使宅主的身体健康受到影响。

宅地池塘的方位，应从八卦方位利与弊以及家人生肖二个方面综合分析。屋外水池方位应从宅地的中心看，而不是从房子的中心看。水池设在东方、东南方或南方是吉利的，能给家庭带来吉祥如意的景象，但东方的卯位与南方的午位是有忌讳的，弄不好将会给家庭造成不利的影响。若想设水池于宅地里，为安全起见，那么最好请有经验的风水师定位操作。

东方卯位设池塘，家中卯年出生的人必有灾祸降临；南方午位设水池必给午年出生的人带来灾害性的影响，同时也会给家里其他成员的眼睛和心脏构成疾患；鱼类观赏池塘务必建在东南方位，但池塘与建筑物的距离要有十米以上方为吉断。在大工厂里，从业人员休息或工作场所的东南方挖池塘养鱼，也是非常吉利的，但休息场所要宽敞，池塘与员工休息或工作的建筑物距离要保持二十米以上，这样的池塘才算是吉利的。

5. 树木

住宅大门对着大树，招阴气，主人容易生病，常有口舌是非，事业不顺。

住宅左边栽种柳树大有补益，意味人财兴旺。坐北朝南的房屋，左边为东方，若在东边栽种柳树和石榴树，代表多子多孙，财源广进，事业兴旺；若东边有竹子，则多子多孙，财源广进，事业兴旺；同时竹子可旺文采，也可招贵人。

住宅的右边栽种花草或中等树木、大吉。若是坐北朝南的房屋，西边为白虎方，不宜种植高大的树木，最宜种植一些点缀环境的花草或棕榈树或桂花树。

住宅的背后栽种榆树，可制鬼魄邪气，能使主人致富。坐北朝南的房屋，背后为北方，北方为玄武位，适宜种植高大的树木，最利种植榆树、大叶榕树和香檀树；种植竹子可旺文采，种植枣树可早生男孩；住宅背后最忌种植杨树。

二、房屋内五行九大看点

1. 房屋外形

在当今社会里，由于房屋的内部结构发生了重大的变化，而外形也随之发生了演变。在风水实践中已经验证，不仅房屋的内形与人的身体健康、运气、婚姻和事业存在着密切的关系，其外形对人的身体健康、事业、婚姻和运势也会很大的产生影响。

社会上每一所家庭住宅的外形都是不一样的，主要是由于各个住宅所处的外部环境不同，为了使住宅与周边环境相和谐，住宅外形的设计就会呈现出各自的款式和风格。如果住宅外形与其外部周边环境达到和谐的地步，那么这样的住宅就会有良好的风水信息，能给人好的感觉，而且能聚气、旺财，人的精神振奋，夫妻感情和谐，事业兴旺发达；如果住宅外形与其外部周边环境不协调，没有达到和谐的地步，那么这样的住宅风水肯定不好，它的气场会给人带来不好的感觉，人住在里面就会不知不觉地患上重病或绝症,或破大财,或事业、婚姻不顺。

住宅的外形与周边环境相协调，才能给人们营造一个和谐的家庭生活氛围，才能满足主人求财、求官、旺丁的心理需要。

2．房屋大门

（1）大门的吉利方位

从八卦上说，设置大门吉利的方位是西北、东南、东方、北方与南方，不宜设置大门的方位是东北、西南和西方。

在西北方位开门，可招贵人，利官贵、权威，利事业，可得到长辈的提隽和地位高的人信赖。在西北角开门，门的朝向以朝北最佳，朝西次之。

在西方开门，吉凶渗半，不利干大事业的人居住；做生意的人居住，金钱周转也不灵，容易破产。在房屋西方位置开门，大门朝西不吉，若朝北方或朝西方与西北方之间线度的斜向，则可压制凶煞，消除灾害。

在北方开门，大利增长人的智慧，主人子孙聪明伶俐，中年以后大多可成为出色的人才。大门朝北方或朝西北方大吉。

在东方开门是吉利的，但是对卯年出生的人则为凶断。东门的吉利信息主要表现为人的精力旺盛，在事业上可获得顺利发展。大门朝东方或朝东南方大吉。

在东南方开门为文昌门，大利子孙后代读书做官，也利求财，可获得周围人的羡慕与信赖，生意兴隆，财源广进，地位升迁。门向朝东南方可获吉。东南向为家庭繁荣昌盛的最佳门向，不仅利于读书，还有利于求财和求官。

在南方开门，若设计得好，则有利于提高个人的社会威信、声誉和知名度；若运用得不好，则易使人清白无辜而蒙受冤枉，私生活会遭到社会的诽谣，有时如同从天而降的无妄灾祸将主人的名誉毁坏。即使南方大门只受轻微煞气影响，也会使人凡事都表现得不够踏实,甚至因芝麻小事的争执酿成犯罪事件。若南方大门犯煞较重,就一定会使宅主遭受毫无根据的谣言,声望大大的降低,名誉会严重受损。

(2)大门的凶险方位

开在东北方位的门为"表鬼门",会使主人的事业陷于失败,人际关系也会恶化,还会危害家人的身体健康。在东北方位开门,对人的正常生活会招致灾祸性的影响,但是若将门的向口朝向东方或北方,也可以逃避灾害的影响。

开在西南方位置的门为"里鬼门",家人的运势就会变弱。若事业失败后,就不再会受人信任,无法东山再起,还会使主人慢慢地形成奢华浪费的不良习惯。里鬼门招来的灾害,往往对家中的女主人危害更大,灾祸降临家庭时,多数表现为家庭主妇运气不顺,爱骂老公,身体上妇科炎症年月相伴。若要在西南方开门,就将门向南或西,可以减少鬼门灾害给家人造成影响。

(3)鬼门位中心十五度开门大凶

东北方为"表鬼门",西南方为"里鬼门"。住宅大门位于东北方中心十五度的艮位或西南中心十五度的坤位,为大凶之象,意味着家运将逐渐衰退。这二个鬼门招致的灾害主要是以阴湿的方式出现,好似细水长流,不会立即表面化,一旦发觉,宅主已经陷入动弹不得、难于救治的状态了。

二者相比,开在东北方艮位的大门凶意更大,凡事都会出现相反的效果,人的事业不顺、体弱多病,特别是社会人际关系变得更坏。如果大门设在西南方的坤位,那么会使主人做事没有信心,容易半途而废,在社会上无法获得别人的信任,人生挫折多。

避免鬼门影响的最佳方法是改造房子的大门。若住宅已经在鬼门方位开大门,又没有足够的资金全面改建大门,那么可以通过改变大门的方向，也可达到趋吉避凶的效果。若门朝东北艮位，只要将门向改建为朝东或朝北，就可以避免灾害的影响；若门朝西南坤位，只要将门向改建为朝南或朝西，最好朝南，就可以避免遭受凶祸。

3. 客厅
（1）客厅门

客厅的门也称为房屋的总门。在当代城市楼房户型中，客厅门是非常重要的部分，绝对不可把客厅门设在鬼门线上，也不宜设在宅主人的生肖对应的地支方位上，门向不能向东北的艮位或西南的坤位，否则主人的运势十分低沉，自己十足的能力也无法得到充分发挥，前途渺茫。

特别是生肖属牛的人，客厅门向丑兼艮；生肖属虎的人，客厅门向寅兼艮；生肖属羊的人，客厅门向未兼坤；生肖属猴的人，客厅门向申兼坤。这些门位与门向，更容易使主人的脾气变坏，容易与人争吵，行为越来越恶劣，做事缓慢而且不顺利，失去部下的信赖。

客厅门位设在东北的表鬼门和西南的里鬼门，都受腐败能源的侵入，容易遭到小偷的窥探，财产容易遭受损失，同时家里也会有小偷小摸的心理行为。

比较安全的客厅门位是主人生肖方位以外的南方、东方、东南方、北方和西北方。但不可取方位的正间，东方取甲乙二位兼度，东南方取辰巳兼度，南方取丙丁二位兼度，西北方取戌亥二位兼度。若取子午线正间，且运用得好，则可获大成功，运用得不好则大败，属于大成大败的坐度线。

（2）客厅的位置

客厅的位置应结合主卧室论述，以阴阳正配为佳。若在西南方设客厅，则应把西北方做主卧室；若东方做客厅，则应把东南方设主卧室；东南方设主卧室，则应把东方做客厅。其余的北方与南方、东北方与西方也要搭配恰当，保持阴阳调和、平衡，才能获得大吉。

4．卧室

卧室是供人睡眠、休息、恢复精神体力的地方，其功能与作用十分重要。从八卦的阴阳和五行来论，厨房、厕所、楼梯、神坛和门位都有吉凶方位之说，而卧室没有吉凶方位之别，一般只论家庭成员的辈份、男女和长幼来选择卧室的位置。无论在哪一个方位上设卧室都是大吉的，但是若想卧室能给人注入某种能量，就必须要对方位进行选择。

（1）西北方卧室

西北方是家庭男主人的定位，设在西北方的卧室最适合家里的老父（男主人）居住。男主人居住西北卧室，必境心情平和、夫妻生活圆满、事业顺利且有贵人扶持。若男主人是戌年或亥年出生，则属于大吉之象。

若主妇（妻子）的个性过于刚强，长期欺负丈夫，则将夫妇的主卧室移至西北位置，妻子的个性就会慢慢地变得温柔体贴，凡事以丈夫为先，积极支持丈夫的工作和事业。

（2）西南方卧室

西南方是家庭主妇的定位，设在西南方的卧室最适合家里老母（家庭主妇）和属羊或属猴的人居住。西南方可以培养主妇温柔、体贴和贤惠的个性，受到人的信赖和尊重。居住在这里的人，不仅身体健康，而且财运也会大大地提升。

若家中的男主人个性太强，长期耍大丈夫主义，经常对妻子产生厌倦甚至有时还会拳打脚踢，就将夫妻卧室移到住宅大太极的西南方，夫妻关系就会慢慢地改善。满三个月后，夫妻就会和合如初，家庭圆满、幸福。

（3）客厅和卧房协调配置

客厅和主卧房的位置的协调方法，是根据使用主卧房的人选定卧房方位，然后决定客厅的位置。使用主卧房的人一般是成对出现的，如男主人和女主妇一对，长男和长媳一对，次男和次媳一对，三男和三媳妇一对。在安排客厅和主卧房位置前，首先要弄清楚家庭成员的定位，家庭成员的定位是男主人定位于西北方，女主人定位于西南方；长子定位于东方，长女（长媳）定位于东南方；次子定位于北方，次女（次媳）定位于南方；三子定位于东北方，三女定位于西方。客厅和主卧房最吉利的配置是以男人定位安排卧房，女人定位安排做客厅，例如家中男主人的定位是西北方，女主妇的定位是西南方，最吉利的配置是在男主人的定位西北方设置卧房，在女主人的定位西南方设置客厅。其余依此类推。

西北方位是阳刚之地，是家庭内部环境的至尊方位，若把主卧房安排在西北位置，而且客厅设在震、坎、艮三个阳卦中的任何一位，那么会使男人的个性刚烈，会要大男人主义，影响夫妻感情，破坏原来圆满的家庭生活。对于这种不合理的设计，只要将客厅改移到主妇的定位西南方，或移至巽、离、兑三个阴卦中任何一个方位，即可扭转家庭的运势，夫妻间可过着和睦、充实的生活，社会人际关系也能得到大大的改善。

若未成年的长子居住西北方房间，或在西北方设书房，用不到三个月时间，那么长子的举止就会变得粗鲁，性情就会变得野蛮。在学校里会被当做坏学生看待，在社会上容易因自高自大招致灾祸。长子住在东方位置的卧室，客厅设在东南方，或居住在东南方位的卧室，客厅设在东方，这是最吉利的配置。

总之，客厅和卧房的配置，要求阴阳搭配，不宜二者同阴或同阳，否则家运不顺，家人身体不佳，人际关系不好，凡事屡屡失败。

5. 车库与主卧室的关系

汽车排放的一氧化碳和亚硫酸气体会危害人的身体健康，要避免车库给家人带来危害性的影响，必须在距离住宅10米以外的地方设置车库。但是，由于地皮紧张而昂贵，当代住宅几乎都是在住宅楼的一层其空间设车库，这样就难于避免车库对宅主构成不利的影响。

如果在一楼某空间建车库，又把二楼上与一楼车库位置重叠的房间设主人卧室或孩子书房，那么凶祸就会降临在主人或孩子身上。

车库的方位不同，出现的凶祸性质也不一样。车库在北方，主人凡事变得消极，孩子以往的聪明度也会逐渐降低，性情也会变得阴险起来；车库在东方，主人做事没有信心，凡事半途而废，失败的次数逐渐增加；车库在东南方，主人性情会变得冷淡，性格内向，社会人际关系逐渐变差，最后被同事或朋友疏远，孩子在学校里会被同学和同伴排斥，渐渐地形成孤独的性格；车库在东北方，因东北方为外鬼门，会使主人身体患病，大多是头晕、头痛、脑子不清醒和脾胃疾病，沉迷于夜游行动，孩子逐渐失去读书的兴趣，注意力不集中；车库在南方，人的思考能力变弱，无法理解别人的话意，还会给主人招来不好的名声，孩子的精力不集中，思考能力降低，学习成绩会越来越差；车库在西方，主人过分追求过着安逸的生活，常常沉迷于异性交往，孩子生活上的浪费会增大，为了取得零用钱而加入社会黑帮，干非法的勾当；车库西北方，主人与别人的争执不断，甚至会沉迷于酒色和赌博而失去信任，无论是孩子在学校里还是主人在社会上，均会被排斥的现象。

有一种大凶的住宅楼房，就是大楼的地下层设停车场或者将大楼的一楼做停车场，二楼以上的各层均设为住宅单元套间。将宅地做为停车场，楼上就无法获得来自土壤的能源荫泽，这种构造的楼房，接近停车场的二楼层面大凶，因为底层的土壤已经成为汽车的温床，二楼住户受停车场的影响比接受土壤能源的影响要大几十倍。所以二楼住户受汽车排出废气影响，会使身体受到极大的危害，情绪不稳定，为非作歹，容易发生意外事故。尽量搬迁到三楼以上居住，可以减轻凶灾，选择在大楼中心太极的东方、东南方和南方的房子居住，可获大吉。

5. 书房

（1）设置孩子房间的有利方位

如果不考虑孩子的出生年份，那么可以单纯从八卦方位的角度分析，设置孩子房间最吉利的方位顺序排列为北方、东方和东南方。其中，北方是首选位置，主要理由是北方为北斗七星中的一白文魁水星所在地，北方的能量可以开发人的智慧，提高人的思维和思考强度。东方是太阳升起的地方，阳气旺盛，能逐渐提高人的决断力和判断力，能促使人认真学习和脚踏实地工作；东南方的能量是文曲星释放的能量，可以提高人思考的深度，使人的个性活泼，还可以提高人向上竞争的志气。

如果结合孩子的生肖安排房间，那么最好把书房设置在孩子生肖所对应的罗盘地支方位上。例如孩子的生肖属鼠，就在北方设置书房；如孩子属兔，就在东方设置书房；如孩子属龙或蛇，就在东南方设置书房。这种情况的特殊性，主要是孩子的生肖恰好分别与三个有利方位吻合，依此安排书房位置可达到吉上加吉的效果。

另外一种情况是孩子的生肖方位不在这三个吉利位置上，也可以根据孩子的生肖来安排书房，例如孩子生肖属鸡，鸡在西方，则可把西方的房间做为孩子的书房。这也是吉祥的设置。

在这里，慎重地告诉读者：设置孩子的书房，最好不要受孩子的生肖限制，只要根据房子的格局，从北方、东方和东南方这三个位置中，选择出没有犯煞的一个房间做书房，就可以达到培养智慧和提高思考力和判断力的效果。

为了孩子的健康，选择做书房的那个房间，不宜挨着厨房、烟囱、厕所和下水道，也不宜缺角，更不宜书房门和厨房门、厕所门及客厅门正对着，走廊冲书房门也属大忌。否则，不仅孩子的学习成绩不能提高，也会使孩子的身体虚弱，甚至病魔光临，求医打针吃药治疗也很难痊愈。

（2）不宜设置孩子卧房的方位

孩子卧房方位有吉方，也有凶方。孩子的卧房，应当从利于身体健康和读书学习两个方面去考虑，把孩子卧房设在北方、东方和东南方的大吉，设在西方不好也不坏。但是如果把孩子卧房设在西北、西南、南或东北四个方位，那么就会对孩子的读书产生不利的影响了。

西北方不宜做孩子卧房。主要原因是：西北方属于成熟位，容易使孩子过早成熟、老成，变成"狐假虎威"型的人物，个性也缺乏魅力，容易被人疏远。

西南方设孩子卧房，会使孩子缺乏耐性，意志软弱，做事没有毅力。小孩的胃肠消化功能衰退，食欲降低。

南方设孩子卧房，因南方是火炽之地，这里的热能会使孩子精神分散，不喜欢读书，贪玩，也会使孩子产生恐惧感。

东北方设孩子卧房，会使孩子形成争强好胜、倔强、不肯认输的性格，不利孩子的正常发展。若住宅的东北方没有凸角或缺角的情况存在，那么不会对家人的运气和身体构成威胁，不仅适合长子和三子居住，也有利于家里生肖属牛或虎的孩子居住。

（3）西北、西南与西方不宜做孩子的书房

安排孩子的房间时，要注意考虑到方位对孩子智力的影响。从住宅的中心点看，西北方、西南方和西方最不利设置孩子的书房，若在这三个方位设置孩子做功课的书房，那么孩子的学习成绩肯定会退步。

西北是一家之主的定位，若将孩子的书房设于西北方，则容易使孩子变得太成熟、老成和固执，不听长辈的话，自我意识强。

西南方是家中老母的定位，是八卦方位中阴气最重的地方。若将孩子的的书房设于西南方，那么就会使孩子好玩，不喜欢念书，成绩下跌，同时使孩子变得不活泼，缺乏毅力。

西方是少女的方位，是夕阳热气最旺盛的地方，空气腐败。若将孩子的书房设置在住宅的西方，那么由于受到腐败空气的影响，孩子的脑子反应迟钝，读书的积极性也会降低，不按时温习功课和完成作业。西方位置不仅做书房不好，也不利于公司设置领导办公室和营业部门，因为西方的能源会使人的智力下降，无法充分发挥自身的力量，业绩必然下降。

6. 厕所

（1）厕所是家庭住宅的"包袱"

厕所是人排便和住宅排污的地方，是当代家居住宅中不可缺少的空间。但是从风水学的角度来说，无论厕所设置于住宅的任何方位，都会给家庭带来或多或少的不利影响,成为住宅内部格局设计的"包袱"。若住宅的空间阔大，厕所的安置方位就有选择余地，那么可以减轻厕所对家人的危害而达到避难的效果；若住宅的空间狭小，就无法把厕所安置于安全的地方，必然会给家庭带来一定程度的不利影响,。

下面介绍厕所安在不同的八卦方位，给家人带来各种不利的影响：

厕所在房子的中心，因水份过密且光线暗淡，容易产生潮湿、浊臭的腐败空气，滋生对人体有害的霉菌。家人身体会患心脏病、脊髓病、虚冷症、忧郁症和大脑神经异常等难以治疗的疾病。

厕所在西北方，容易使家人患肾衰竭、糖尿病和泌尿系统疾病，这是十拿九稳的断法。

厕所在东南方，家人容易患肝胆疾病、胆结石、痔疮、手脚抽筋、中风或因肝气犯胃病引发的肠胃消化功能疾病、小孩容易患感冒而导致脑膜炎或小儿麻痹症。

厕所在西南方，家人容易患脾胃病、消化系统疾病、腹里鼓胀与积水等疾病。

厕所在东方，家人容易患肝脏疾病、脚部伤病、筋骨僵硬和中风等症，厨房和厕所同在东方无妨害。

厕所在北方，因北方属于重阴之地，厕所里的水气会加重阴性气场，家人容易患肾部虚冷症、膀胱病、泌尿系统疾病、血液病和前列腺疾病。特别是坐便器压在子午位上，情况更加严重。

厕所在南方，特别便器设在子午线上，家人就会患上严重的心脏病、眼病、头晕等症。

厕所设在东北方，特别是便器位于东北方正中线艮位时，家人很容易患上脾胃病、背骨酸痛、手指关节痛等疾病。

厕所设西方，家人容易患上口内疾病、咽喉不适和肺部功能衰退。

由此可知，厕所是污臭气流聚集的空间，无论安置在什么位置上，都会对家人的身体健康会造成不利的影响。虽然厕所是住宅的"包袱"，但又不能没有，因此平时要将便槽擦洗干净，保持厕所内部空间高度清洁，尽量减轻它对家庭造成危害性影响。

（2）厕所比较安全的位置

在八大方位上，根本没有建厕所的吉利位置。从厕所对人影响的力度来说，可分为大凶、小凶和安全三种情况，如果房子的格局已定，厕所的位置又无法改变，为了减轻厕所对家人造成不良影响，那么最好的办法是尽量把厕所的空间面积缩小或把坐便方位改动一下。

住宅内部设置走廊，把房子分隔成两部分，若走廊的长度超过住宅长度的三分之二，就容易使家庭内部成员发生纠纷。如果又在走廊的尽头处建厕所，那么这个家庭内部就弥漫着一股恶劣的气场，整个家庭的运气将走向崩溃，婆媳不和、夫妻反目成仇、孩子不爱读书等等，百事不顺人意。

从八卦五行上来说，北方的五行属水，西方的五行属金，而五行属水的厕所与北方、西方分别是五行比和、相生的关系，很多人认为将厕所设置在北方或西方位置比较安全。其实，在风水实践中，笔者也主张这种做法，但是还有一点请读者重视和注意：厕所本属于腐败气场，不管设在哪个方位上，都会使主人的身体和精神上受到不同程度的侵害。虽然北方与厕所在五行上属于比和关系，但北方为先天坤卦、后天坎卦，水气旺盛而且寒冷，属于重阴之地，若在北方建厕所，就会加重该方位寒冷阴气，导致主人的身体受到侵害。北方设厕所，主妇容易患虚冷症、子宫癌和无孕无育等疾病，男人容易患肾脏、膀胱、前列腺和泌尿系统等疾病。北方设厕所，对家的次男影响最大，特别是家里子年出生的次男遭受的灾害最严重，因为子年出生的人，其人体生命磁场信息寄居在北方坎卦的子位。厕所对人体的危害主要在于便器的位置，若能避开子位，将便器安置在壬位或癸位上，那么可以大大地减轻厕所的凶气对人体产生的影响。相对来说，西方设厕所比较安全，不会对主人构成致命的威胁，主要是因为西方五行属金，与五行属水的厕所是相生关系。但是也会对人的呼吸器官和咽喉构成轻微的影响。若在西方设厕所，那么应尽量避开酉位，最好选择在庚位和西南方的申位之间。

（3）厕所最忌的位置

在当代住宅中，厕所是宅内必不可少的空间，但它所给主人带来的祸患亦并非浅。厕所最忌安在西北方和南方，更忌安在宅基的来脉上或正堂的后面，其次忌安在东北方、东方和东南方。古时北京四合院的厕所是安在西南方。东北方设厕所最容易伤脾胃，特别是小儿的饮食一定差；建在地面的房子，东北方的艮位为来龙时更忌安厕所，也不宜安炉灶，否则必会损伤人丁，主人会患痘疮而死亡。

安厕所时，要用罗盘找方位，不能只用眼测。要安在天干位上，切勿安在地支位上，否则在太岁冲犯之年必凶。每一宫的正中位置不可安厕所，正中之位即乾坤艮巽子午卯酉是也。

（4）鬼门中线设厕所大凶

东北方和西南方是鬼门位，东北为"外鬼门"，西南方为"里鬼门"。

东北方是长房的先天方位，又是三房的后天方位，同时又是生肖、属牛属虎人的方位。若住宅的东北方中间15°的范围内设置厕所，那么就会给长子或三子或属牛属虎的人带来灾害性的影响。

西南方是长女的先天方位，又是老母的后天方位，同时又是生肖属羊和属猴人的方位。若在西南方中间15°的范围内设厕所，那么就会给家中长女或老母或羊人猴人带来灾害性的影响。灾害主要表现为腹部痛风、脾胃病等。

7. 炉灶

（1）炉灶不宜安于南方

灶位不宜安于南方，特别是正南方的午位更忌安炉灶，否则主人容易患目疾和心脏病。若午位安置炉灶已经成为现实，那么对主人带来疾患是不可避免的，必须运用法器化解，方可减轻主人的疾病或推迟凶应到来的时间。龙龟和葫芦装配药物是化解南方炉火煞气的主要风水法器；也可以用灶台和厨房的色彩化解。

（2）炉灶不宜安于西北方

炉灶设置在西北方，家人容易患高血压病、肺病和头痛等疾病。若把炉灶和厕所都设在西北方，那么家人还会得肺气肿、糖尿病和肾衰竭等症，特别对家里男主人不利。可用大龙龟和两个葫芦装配药物化解；也可以用灶台和厨房的色彩化解。

（3）炉灶不宜安于西方

西方设厨灶，家人容易患哮喘病、舌头炎、嘴唇炎、支气管炎、咽喉炎和咽喉癌等症，特别对家中的次男和幼女不利。可用二只龙龟和葫芦装配药物化解;同时,也可以用灶台和厨房的色彩辅助化解。

（4）炉灶不宜安于西南方与东北方

在西南方和东北方设厨灶，对家人带来的影响大同小异，因火气旺盛使这二个方位的土气长期受炎热影响,容易导致家人脾胃不适、消化不良,甚至发生严重的炎症。西南设炉灶,家中老母受灾严重,胃炎和胃病难免。

东北方设炉灶，家中幼儿受灾严重，主要表现为脾胃虚弱、饮食量少、身体消瘦。厨房对女主人能产生最直接的影响，若家里女主人生肖是牛或是虎，那么灾害将降临在女主人身上，手指关节痛、神经痛和脾胃病是很难避免的，还出现黄肿症状。

（5）炉灶不宜安于北方

在北方设炉灶，犯水火冲撞的毛病，家人容易患血液病、肾炎和泌尿系统疾病。特别是把炉灶安于北方的子位上，凶害的情况更为严重。

8. 楼梯

住宅中的楼梯为动气，是外气进入住宅楼房的主要通道，必须安在吉方，不宜安在凶方。若把楼梯设置在凶方，那么不仅会引发疾病，还会引起夫妻感情不和、家庭成员关系冷淡，甚至会影响主人的声誉及事业的发展。

东北方表鬼门和西南方里鬼门均为凶位，不宜设置楼梯，否则容易引发家庭灾祸。表鬼门设置楼梯，对家中的长男和少男、生肖属牛和虎的人带来的危害较大；里鬼门设置楼梯，对家里的长女和老母、生肖属羊和猴的人危害较大。在二个鬼门设置楼梯给家人带来的危害主要表现为：脾胃病、消化系统紊乱；家中的老母和三子是主要受灾者。

楼梯的方位固然重要，楼梯口的朝向更为重要。因为楼梯口的朝向与门向同理，它又是引进外气的通道，是楼房纳气吉凶的关键所在。例如，楼梯设于北面，而且楼梯口也朝向北方，那么所纳的气流较为寒冷，容易使家人感冒；若楼房的大门向北，为了方便直上二楼，也将楼梯口设在北方，那么就会收尽北方的寒冷气流，对家人的身体健康会构成非常不利的影响。

楼梯设在房子的中心最凶。房子中心设楼梯，家里一定出现久病不愈的病人，夫妻感情不和睦，家庭成员关系冷淡。

理想的楼梯方位是根据四灵兽诀定位的，但要避免二个鬼门方位中间15°的位置。现将八个卦山坐向的房屋设置楼梯的吉利方位公布如下：

坐北朝南楼房，楼梯宜设于东方。

坐南朝北楼房，楼梯宜设于西方。

坐东朝西楼房，楼梯宜设于西南。

坐西朝东楼房，楼梯宜设于东北。

坐东南朝西北，楼梯宜设于西方。

坐西北朝东南，楼梯宜设于东方。

坐东北朝西南，楼梯宜设于南方。

坐西南朝东北，楼梯宜设于北方。

9. 车库

车库是停放车辆的地方，汽车起动后就会排放出一氧化碳、亚硫酸等有害气体，对人的身体健康会构成侵害。因此家庭使用的车库最好远离住宅的主体部分，距离主屋要有八米以上，并且位于宅地的外围。即使车库设在宅地外围，也应尽量避免紧邻卧室和书房，再在车库周围多种树木，以减少车辆排放的有害气体对家人的影响。

从八卦方位来论，最不利设置车库的位置是东北方艮位和西南方坤位。因为自古以来，在东北方表鬼门和西南方里鬼门用事都有忌讳，考虑到车主行车的安全，希望读者们尽量避免在这二个鬼门位建车库。车库的朝向更应当避开鬼门线。定方位时，要在住宅大太极上放置罗盘，分清八方。住宅的东方或东南方设车库大吉大利；若从四灵兽论方位，则以青龙方设置车库为大吉。

第三章
房屋磁场与人体磁场

　　风水学把房屋磁场与人的关系作为主要内容来研究，从不同的角度阐明家居住宅对主人运程、事业、婚姻、身体和人际关系等方面产生的吉凶影响，并且为后人总结了丰富的趋吉避凶经验。房屋磁场，对居住之人能产生直接吉凶影响，这是不可非议的，但有几种情况，应当予以区别看待。

第一节　祖屋风水与主人命运的必然联系

一、房屋主人长期居住生活在自己的房子里面的情况

　　这种情况，房子对主人的吉凶影响是直接的，并且不仅只影响宅主本人，还会对宅主的亲人产生吉凶影响。夫妻两人结婚生孩子后，居住自己在外面建造的房子里，主要以自己的房子论吉凶，祖宅风水的影响是微小的。日常生活的房子风水十分重要，必须慎重选择和认真布局，因为人在自己的房子里居住、生活，在那里休息、睡觉，消除疲劳，以恢复白天工作时消耗掉的精力，人与房子共处的时间很长，所以房子必然会跟主人发生关系，并且产生或吉或凶的影响。

二、主人把房屋出租给别人，自己不居住里面的情况

　　主人把自己的房屋出租给别人居住，该房屋的风水磁场对主人

不会构成任何吉凶影响，只会对租赁者产生影响。因为租赁房屋的人长时间居住在房子里面，房屋磁场必然与他发生关系。

三、家乡祖屋风水的影响

祖屋里有父母亲居住，祖屋的风水磁场信息可通过父母的人体磁场发射给在外地工作、生活的子女们，并能对他们产生一定程度的吉凶影响；同胞兄弟中，有些长期居住于祖屋里，有些长期在外面居住，居住祖屋的兄弟受祖屋风水的影响是直接的，并且受到的影响力度也比较大；房屋风水磁场信息还可以通过居住者的人体磁场，发射给在外地居住的同胞兄弟们，使他们也受到祖屋风水的影响。

人体磁场发射风水信息，主要是以骨质作为传导媒介的，只有父母的亲生子女和同胞兄弟，才具有骨质的传媒作用。女性结婚后到夫家居住，很快就会受到夫家房子风水磁场的影响；生育孩子后，夫家的阴宅祖坟风水磁场信息会通过小孩身体磁场发射给母亲，使女性也受到夫家祖坟风水信息的影响。

四、人在外面居住临时住所风水对自己的影响

虽然是临时住所，但是只要人在那儿居住的时间超过九十天以上，房屋的风水信息就会对其产生某些吉凶影响。这关键是以时间来衡量的，居住的时间越长，受到影响的幅度与力度也就越大。

五、祖宅里无人居往的情况

祖宅里只有供奉的祖宗牌位和香炉，卧室、床位和厨房等都是闲置的，宅主全家人都在外面工作、生活，祖宅的风水磁场对在外地工作、生活的子孙只能发生轻微的关系，不会构成严重的影响。

第二节　房子对人产生影响的先决条件

房子对人产生影响的先决条件是：人必须住在房子里。也就是说房子是人日常生活的地方，人在那里睡觉以恢复白天工作消耗的精力，房子磁场才能对人体磁场产生吉凶的影响。

要判断房子对人的吉凶影响，应该以寝宿的家庭住宅为主要对象，至于生意上使用的临时住处和短期使用的别墅等不能列入判断对象；马路边开店铺，店铺的后面做住家，这种情况应将店铺前面经营生意的部分和后面用于家人生活的住处分开，只判断家人生活的住家部分风水对人的影响。以人寝宿的地方做为重点来判断房子风水对人的影响是合理的，因为对于人来说，最重要的是睡眠。如果忽略了睡眠，就无法充实人的活力，人的身体健康就会出现问题。

房子对人的影响以九十天为界限。进住新盖的房子达九十天以后，房子磁场对居宅之人的影响逐渐增强；房子的主人到外地任职，入住单位分给的楼房居住，九十天以后，自己原来居住的自家房子影响力逐渐变淡，而新入住的楼房住宅对他的影响逐渐增强；到外地出差的人，在某住处居住时间达九十天以上，必须留意住处风水对自己的影响。

女性因结婚而离开娘家，到夫家居住，90 天以后，娘家房子风水对她的影响力便逐渐减弱，夫家房子风水对她的影响力逐渐增强。至于娘家住房风水对出嫁女孩影响力消失时限，都因个人与娘家来往的间隔时限和次数情况存在差异，有些人离开娘家一个月后便消失了，极大地受到夫家住宅风水的影响；但有些人自从离开娘家那天起，要经过三个月或 6 个月或一年时间，娘家风水的影响才消失而受到夫家风水的影响。

另有二种情况值得注意。第一种是，虽然是自己的房子，但长期置空，成为一座空房，或者是把房子长期出租给别人居住，那么这个房子的风水磁场对宅主本人没有丝毫影响；第二种是，自己长期在外地居住，家乡的祖屋是老父母和亲兄弟们居住的，祖宅风水对老父母和亲兄弟们产生直接影响，由于机因的遗传关系，自己与父母及兄弟的人体磁场存在必然的联系，因此祖屋的风水信息可以通过老父母和亲兄弟的人体磁场间接地发射给自己，并对自己能产生一定程度的吉凶影响。

第三节　宅主生肖与房屋磁场的关系

在风水上，人的喜忌除了可以从八卦代表的人物来论外，也可以根据人的生肖所属的八卦方位来分析，每个八卦方位出现吉相或凶相，都会对相应的人物产生相关的影响。

1. 人的生肖与八卦方位的对应关系

乾卦：西北方，含戌乾亥三山，对应戌（狗）年和亥（猪）年出生的男女。

坤卦：西南方，含未坤申三山，对应未（羊）年和申（猴）年出生的男女。

震卦：东方，含甲卯乙三山，对应卯（兔）年出生的男女。

巽卦：东南方，含辰巽巳三山，对应辰（龙）年和巳（蛇）年出生的男女。

坎卦：北方，含壬子癸三山，对应子（鼠）年出生的男女。

离卦：南方，含戌乾亥三山，对应午（马）年出生的男女。

艮卦：东北方，含丑艮寅三山，对应丑（牛）年和寅（虎）年出生的男女。

兑卦：西方，含庚酉辛三山，对应酉（鸡）年出生的男女。

2. 十二地支方位风水对生肖主人的吉凶影响

方位实际上就是常说的方向，有大方位和小方位之分。从大的方位来说，就是把罗盘全方位360度平均分成八等分，形成东、南、西、北、东南、西南、西北和东北八个大方向。除了这八个方向外，还可以将全方位360度平分成二十四等分，从北方起依次用壬子癸、东北方丑艮寅、东方甲卯乙、东南方辰巽巳、南方丙午丁、西南方未坤申、西方庚酉辛、西北方戌乾亥来表示，这就是所谓的"二十四山"方位。无论是大方位还是小方位，都是判断住宅风水吉凶的基本单位，在判断风水时，方位的线度一定要精确。

在二十四山方位中，十二地支方位的风水对宅主的吉凶影响，主要是通过宅主生肖对应罗盘上十二支来判断的。因人的出生年不同，出生地支有子、丑、寅、卯、辰、巳、午、未、申、酉、戌、亥十二种。考察住宅风水之所以要重视十二地支，是因为罗盘上十二地支对应的房屋方位的能量场，左右着人的运气和身体健康。宅主应重视自己出生年地支方位的摆设，同时若与全家人一起居住时，则还必须验查全家人出生年地支方位的布局情况。例如戌（狗）年出生的人居住的房屋，在方位罗盘上西北方戌位有厨灶或浴厕等凶煞之物，就会对戌年出生者构成灾害性影响，特别是会破坏此人的健康运和人际关系。因此，人的出生年地支所对应的罗盘方位重叠地支上，不宜安厨灶和卫生间等凶煞之物，否则会使房屋风水凶应信息给人带来的灾害倍增。

人的出生年支与住宅风水的关系，基本上是以宅主出生年支对应罗盘上的地支位置而言，若将厕所、厨灶、下水道、车库或污水池等，摆在宅主的出生年支方位，就会损害宅主自己的身体健康，招来威胁自己命运的灾害。十二支方位是从房子中心来看，用罗盘确定线度范围。例如子年出生者在正北方的子位，丑年出生者在东北偏北十五度的丑位，寅年出生者在东北偏东十五度的寅位。其他方位，均可从罗盘上找出。

子年出生者，住宅的正北位置有厕所、厨房、下水道、车库、炉灶和楼梯均为凶；设置客厅、卧室和书房为吉。

丑年出生者，住宅的东北方丑位有厕所、车库和楼梯为凶；设客厅、卧室为吉。

寅年出生者，住宅的东北寅位有厕所、车库、下水道和净化槽均为凶；设客厅、卧室和书房为吉。

卯年出生者，住宅的正东方有厕所、下水道、净化槽和楼梯均为凶；设客厅、卧室、书房、老人房儿童房均为吉。

辰年出生者，住宅的东南方辰位有厕所、炉灶、电视、净化槽、烟囱或排污水的下水道均为凶。设置金鱼缸、书房、客厅、卧室均为吉。

巳年出生者，住宅东南方巳位上，忌有厕所、厨房、烟囱和下水道；设书房、客厅为吉。

午年出生者，住宅的正南方午位忌有水池、厕所、厨灶、浴室、车库和电视；午位最好设置客厅和餐厅。

未年出生者，住宅西南方未位忌有厕所、厨灶、电视、车库、楼梯和下水道；未位设个人房间和老人房为吉。

申年出生者，住宅西南方申位忌有厕所、车库、厨灶、烟囱和下水管等；宜设置个人房间、寝室和书房。

酉年出生者，住宅西方酉位忌有厕所、厨灶、烟囱和下水管等；宜设置个人房间、寝室和书房。

戌年出生者，住宅西北方戌位忌有厕所、车库、厨灶、烟囱和下水管等；宜设置个人房间、寝室和书房。

亥年出生者，住宅的西北方亥位忌有厨灶、厕所和下水管等；宜设寝室、书房和储藏室为吉断。

第四节　缺角与突角房屋的磁场状态

一、缺角与突出房屋的磁场状态及吉凶影响

住宅最理想的形状是长宽为六比四的长方形，其次是正方形。虽然人们都希望盖吉利形状的房子，但是由于设计上的需要，即使是长方形或正方形的房子，往往也会出现突出或缩入的情况，造成房子八卦方位气场能量失去平衡，给宅主带来意料不到的负面影响。

缺角是指建筑物一边的长度中，缩入的部分在三分之二以内；突出是指建筑物一边的长度中，凸出的部分在三分之一以内。突出是正面的，某方位突出的比率越大，它的能量也就越强，虽然不会对家庭成员构成很大的影响，但是至少也会使突出方位所代表的人物变得任性和自高自大；缺角是负面的，会给家庭成员构成十分不利的影响，某方位缺失的比率越大，它的凶应信息就越强。

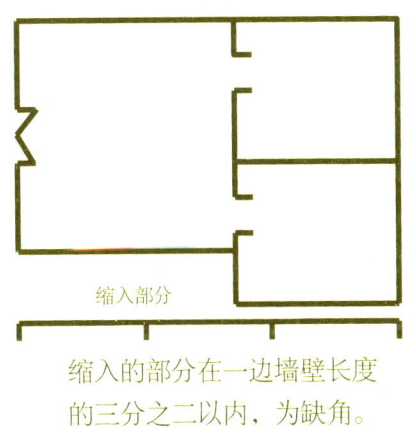

缩入部分

缩入的部分在一边墙壁长度
的三分之二以内，为缺角。

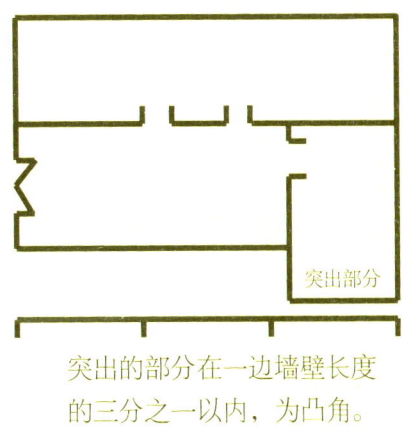

突出部分

突出的部分在一边墙壁长度
的三分之一以内，为凸角。

房子中最重要的位置是西北方。若房子的西北方有突出的情形，那么家中的老父和长子受益很大，有权威，有财力，家庭中夫唱妻随，

过着安详的生活，总运势会有很大的飞跃。但是，若西北方出现缺角的情形时，那么老父和长子的贵人运、事业运就相当差，身体容易患高血压、糖尿病、头痛或骨质疾病。缺的部分越大，凶祸也就越大。

房子的东方、东南方、南方和西方的突出或缺角的情况，均依据该方位所代表的家庭成员、运气和对应人体部位的疾病论吉凶。

虽然突出是正面的，缺角是负面的，但是如果突出或缺角的位置是东北方或西南方，那么同样以凶论。缺角本身就是一种煞气，若缺角在东北方"表鬼门"，则变成了大凶之象，对家中的小男孩非常不利，三房人丁败绝，家人极容易患上手指、脾胃、鼻、骨和背部顽疾，家庭的总体财运也会大大下降；若家里有寅年或丑年出生的小男孩，东北方"表鬼门"缺角严重，那么这个人受到的影响比较重，极容易遭受死亡的危险。若缺角在"里鬼门"，那么凶祸的情况要比"表鬼门"轻些。若房子突出部位在"表鬼门"或"里鬼门"，那么也就变成凶相了，千万不可认为是能量强旺和活跃的象征。

购买房子时，如果有几栋建筑物并排，首先要决定自己要住哪一栋，就找出该栋建筑物的中心点，从中心点测量整栋建筑物是否有缺角或突出，同时从房子的中心点分出八方，看看各方位是否有缺或突的情况。应该尽量选择没有缺角的建筑物和房子，房子的座落方位以东方、东南、南方、西北方和北方为佳。

二、十字形突角房子

十字形突角房子，实际上是指四方都有突角的房子。房子的突与缺二种情形相比，突的情况是属于吉利的，能够给宅主带来正面的效果。但是，过分地执着追求房子的突出，往往会使房子变成十字形状的凶象，特别是东南西北四正方同时有突角的房子，其十字形状十分明显，这就是我们常说的十字形房子。十字形房子不利于人居住，特别不利经商者和在政府阶层工作的人居住，因为会使兴旺的生意和如意的事业逐渐走向衰颓，主人会不断地变换工作，难于得到上司的重用。

十字形房子，还表现于南与北同时有突，或东与西同时有突的情况，这二种情况的房子给主人带来的灾害是不一样的。北与南同时有突，主人个性就会变得冷酷，性格内向而刚强，很难得到别人的信赖，事业不顺利，感情波动大，人生运程起伏也大；东与西同时有突，主人易遭受口舌是非，常常靠三寸不烂之舌与别人辩论，很难得到成功的机会，即使能获得暂时的成功，也很快就会失败。金钱不足，做生意的资金周转不灵，又很难取得别人的信赖，前途艰难而且起伏较大。

东西或南北对冲方位同时有突角时，只要将一边拆除就可避免突角带来的灾害。至于究竟拆除哪一边才算合理，这就要考虑到宅主的出生年支与方位地支的对应关系。例如，东、西二位同时有突角，若主人是卯年出生的，那么就要保留东边的突角，而把西边的突角拆除；但是，如果把东边的突角拆除了，而保留西边的突角，那么西边强旺的能量就会冲克卯年出生的宅主生肖，造成不顺的负面结果。至于南、北二位同时有突的情况，若主人是子年出生，那么就应该保留北边而拆除南边；若主人是午年出生的，那么就应该保留南边而拆除北边的。

三、房屋缺角凶应的断法

1. 房子缺角会导致事业衰退

当代家居住宅中，由于过分讲究外观的设计，造成房子外型存在多处突角和缺角。经风水实践验证，突角不会造成严重的反面影响，但缺角却会使主人的事业遭受失败。

房子的缺角会给主人的事业带来哪些不利因素影响，应根据缺角所属的八卦方位来定。

①西北方缺角

西北为家长位、领导位和贵人位。此方缺角不仅意味主人头脑糊涂，不管事，还会失去贵人扶持，使原来崇拜和信赖自己的人会背叛而离去，资金周转不灵，最后导致事业衰败。

②西南方缺角

西南方的能量，主要对人的财运和异性关系产生影响。西南方有缺陷，将会使资金积蓄和借贷方面出现问题，主要是资金调度不顺而阻碍事业的顺利发展。同时主人在异性关系上也会出现不良的倾向，与妻子的关系逐渐淡薄，最后酿成人生的挫折而严重影响事业的发展。

在八卦中，西北方是代表男主人，而西南方代表女主人，是男主人阴阳配对的另一半和得力助手。西北与西南二个方位是相辅相成的，二者缺一不可，凡做事业的人，住宅和单位办公室的西北方和西南方都不宜缺角，否则注定着主人的事业必然走向失败。另外，东方为长子方位，北方为二子方位，东北方为三子方，还有东南、南方和西方分别代表长媳、次媳和三女，这是家庭子女信息上的定位。如果主人是一个地地道道的做事业的人，那么这些子女信息方位就可引申为部下、部门负责人和单位员工的定位。凡是房子的子女信息方位出现缺角，都会产生下属成员违背自己的情况，意味着得不到他们的全力支持，成为导致事业失败的决定性因素。

2. 房子缺角会导致主人生病

西北方主人体的头部、肺、骨，该方位缺角就相当于失去了这个方位的功能，长期居住在西北方缺角房屋内的人，容易患头痛、头晕、骨增生、骨质坏死和肺部疾病。如果西北方缺角，而西南方又有池塘及卫生间、水缸、水龙头等水性旺盛的事物，那么主人不仅易患疾病，还会使男主人犯桃花，迷上年轻女人，拈花惹草，花钱出手阔绰，导致挪用单位款项，最终走上违法犯罪的道路。西北方造突，有利于主人身体健康，有利于资金积蓄，事业上有贵人扶助，生意兴隆，但主人容易变得自高自大、任性和骄傲自满。

东南方缺角，家人容易得肝胆病、中风、骨盆骨质增生、手脚抽畜等疾病。东南有突角，有利生意发展，积蓄钱财。

东方缺角，家人容易患肝病和脚部受外伤。

西方缺角，家人容易患肺病和呼吸系统疾病。

北方缺角，家人容易患肾病，膀胱和血液病。

南方缺角，家人容易患心气衰退、眼睛失明等疾病。

西南方缺角，家人容易患腹内杂症、脾胃病或肠胃功能衰退引发消化不良等疾病。

东北方缺角，家人容易患脾胃病和手指关节疼痛等疾病。

第四章
阳宅风水勘察七法

　　古人在考察阳宅风水的实践中，曾经总结出对阳宅吉凶的判断方法，指出了自然环境中的地势、地形、山水、土质和树木，是构成风水吉凶的重要因素，同时还指出了住宅的造型、大门和室内摆设等方面，会对居宅之人的运气和身体健康带来重要的影响。如古籍风水书载："宅以形势为身体，以土地为皮肉，以泉水为血脉，以草木为毛发；人以屋舍为衣服，以门户为冠带。若是如斯，是事俨雅，乃为上吉。"这不仅指出的自然环境的重要，还把住宅人格化，用于说明环境与格局搭配得当是构成吉利风水的主要因素。

　　我们可以体验到，有些房子的外观很美丽，但当人一进去时就会感觉不舒服，长久居住便会使人运气阻滞，败财损丁，根本没有财官可享的；有些房子，虽然盖得很普通，但当人一进去时就会觉得神清气爽，如浴春风，长久居住于此必得丁财两旺、财官亨通。这是什么原因呢？在此，笔者掷重地告诉读者，凡是不利于人居住的房屋，大都是住宅周围环境不好，地形不吉利，山水不美丽，还与住宅的形状、大门前面的状况以及室内布局不合理有着重大的关系；凡是有利于人居住的房屋，其周围环境中的地势、地形，山水分布必定是顺应自然，美丽调顺，形成一种合适人的心理、生理及生活节律的和谐气场，当然也与室内的合理布局存在着必然的联系。

　　住宅的风水是否吉利，不是某个风水师或某个人说了算的，必须经主人入住后，通过感觉和运气、事业等诸方面是否顺利来验证。

风水好的房子，主人入住后，精神振奋，夫妻子女和谐、事业顺利、财运亨通、身体健康；风水差的房子，感觉是不一样的，主人入住后一定会精神痿靡、事业不顺、夫妻感情不和、财运和身体都不理想，不知不觉中人患了重病或绝症，破了大财。

如何判断房子风水的优劣和吉凶，怎样才能选择到风水好的房子，笔者在此给读者们介绍小区住宅风水的勘察的七种方法，希望广大读者能在风水勘察中灵活运用，为民造福。

◎ **勘察风水法则一：地势要西高东低和北高南低。**

在城市中，要选择风水好的房子，首先要选择风水吉利的小区。如何选择，应主次分明，吸条有理地进行。首先要弄清楚小区外围环境东南西北四个方向，在这四个方向中哪边高，哪边低，这是选择风水的第一步。正常的情况是：小区的地势必须是西边高而东边低，北边高而南边低。这是指地势，不是建筑物；建筑物另有说法，建筑物必须是东边高而西边低，北边高而南边低。

在小区外围环境中，西边不能有水、不能有河流和大路；东边宜有水、有路、有河流。西高东低的地势，聚财气，旺事业，家庭和谐，主人身体健康。东方有水、有河流、有大路，利于聚财、聚人气、事业发达；相反，如果小区的东方和西方地势形成东高西低的局势，那么水必然会自东向西流，这与自然的规律相背。西方有水或有大路，均会对人的身体健康产生不利影响，特别呼吸器官，肺部和肝脏容易发生病变，还会招来口舌而损坏名誉，发生意外车祸等血光之灾。

小区里面的环境与外围环境同论，地势西高东低吉利，东高西低凶险，但建筑物应是东高西低排列。小区朝南或者朝北，对东边和西边的地势更要讲究，西边绝对不能有大路、有水和河流，否则当人住进这个小区后，一定会使事业受阻，夫妻关系不调和，最大的问题是不聚气、不聚财。不聚气就会使人生病，因为人的身体健康在于气的积聚和正常运行，调节气场就等于调节健康，气散人魂散就是这个道理。

小区的外围大环境会影响到小区内部的小环境，"大河无水小河干"就说明了这个道理。大环境好，小环境自然也会好，如果大小环境均好了，那么小区里的单元住宅的风水也会好。但是如果大小环境不好，出现东水西流和南水北流的逆流水现象，一到下雨天，小区里的排污就会往西边和北边倒流，就好象人体上的血液倒流，居住在里面的人极容易患高血压、心脏病和血液病等。因此选择小区住宅风水，必须仔细勘察周围四大方向的地势高低。

◎**勘察风水法则二：小区的地形要方正，地基要干净。**

住宅小区的地基形状要方正，不能呈三角形、棺材形或其他不规则形状。三角形的基地就是人们常说的三尖地，这种形状的地基最凶，若在三尖地上建房居住，主人容易招惹官非口舌。后尖会破财和招盗贼，左尖伤儿子，右尖伤女儿。地基方正，可聚人气，聚财气，事业顺利且有成就。

地势西高东低，地形方正，是小区自然环境中最基本的前提条件，建造楼房一定依地势高低的具体情况确定坐向。楼房的后边一定要高，前面一定要低平。

因为后面是靠山位，后高意味着主人有坚强的靠山，会得到贵人的有力帮助。另外，房屋后边的靠山代表着主人的福禄寿三山福山代表子孙后代，有后代才能称为有福，若房屋后边低洼，甚至有河、沟等，那么说明福山有缺陷，子孙不旺，难于成才，还容易损子、破财；若后面高大厚实，那么代表宅主有福气，子孙旺盛且身体健康，长大后必成栋梁之材。禄山代表禄马、钱财、贵人和事业，若后面高大，禄山又秀气，那么主人的事业必有贵人扶持，蒸蒸日上，而且求官易如反掌。寿山代表宅主寿命和健康，若寿山高大，那么家中老人身体健康，长寿多福。因此，小区的后边要高，代表福禄寿三山齐全不受损，入住后必定财旺、人旺、子孙满堂、富贵绵达、高寿多福。

住宅小区的地形不仅要方正，而且地下要干净，才能使居住者精神安定，夫妻和睦、生活幸福。虽然地势的高低合乎自然，地基形状方正，而且四周有优美的山水分布，但是地基底下不干净，或是古战场、刑场，或是坟场，阴气十分浓重，形成阳赶阴的局势，那么这种基地属于大凶之象。如果在不干净的地基上建房，那么居住在这里的人就会精神不振，易做恶梦，神经衰弱，甚至会导致夫妻不和等恶劣现象的发生。

◎ **勘察风水法则三：小区要开四大吉门。**

四大吉门就是常说的三吉门和东南门。按其吉度排序，即第一大吉门为西北门，第二大吉门为东北门，第三吉门为正北门，第四吉门为东南门。小区开四吉门，无论多大岁数的人，也无论是男是女，凡住进了这个小区都可以获大吉，事业顺利且有贵人扶持，身体健康，家中父子夫妻均可和睦相处。

门朝西北，有贵人，利事业。西北门是三大吉门之首，也是八门之首。西北门是富贵门，利官贵，利仕途。特别是男同志开创自己的事业，走西北门，事业的成功率很高。在政府部门工作的男同志，最好挑选开西北门的小区居住。西北门的定位：比如，小区坐南朝北，门是偏西开，就叫西北门；坐东朝西偏北开门，也叫西北门。西北门利于权势，利于事业的发展，做事业、求富贵，最好走西北门，更需要坐西北位。

门朝东北，利于求财。东北方位是第一大财星八白土星所在地，若住宅小区的大门朝东北方，那么居住在里面的人有很多机会跟大财神说话，大财神就会给自己带来财气、带来平安。西北方位近官贵，东北方位好求财，门朝东北必大富。特别是做生意的人，或是在企业（公司）里打工的人，挑选开东北门的小区居住比较好。

门朝北方，有利于头脑聪明和身体健康。北方是北斗七星所在地，面朝北斗七星可以消灾避祸，使人的身体健康。另一方面，北斗七星的星主是文曲星，文曲星是管学业的，可令人的大脑清醒灵活，读书聪明。古代有说法，文曲星下凡就是首名状元。家里孩子学习用的书桌和坐椅，坐南朝北学习、写字比较好。搞技术研发的人或在学校任教的高等教员，可以把办公学习的桌椅摆在坐南朝北方向，最好选择大门朝北的小区或房子居住。大门朝北的小区或房子，可以使人永远聪明。

门朝东南，温暖和谐、贵人临门。人们常说的紫气东来，指的就是东南，因为中国的大部分地区处于北半球，在多半时间内看到太阳从东南方徐徐升起。东南方是太阳升起的地方，温暖而祥和，门朝东南方可使夫妻关系趋于和谐，可招来贵人扶助。

八个方位的性质是不同的，八门的吉凶情况也存在很大的区别，风水学中有四大真门和四大假门之说。八门之首是西北门，第二大吉门是东北门，第三大吉门是正北门，第四大吉门是东南门。但是，有些人说门朝正南好，朝西北不好，认为门朝西北的人家喝饱西北风，没有饭吃。其实不是这样，几千年来坐北向南的房子开南门，门朝阳，采光和通风条件均占有绝对优势，但在风水实践证明了朝南的门向有三个弊病，一个是宅主家人容易患高血压和心脏病，容易患肝病和呼吸系统疾病；二是事业不顺，钱财上容易发生纠纷；三是婚姻方面，不是男人有桃花就是女人有桃花，原因是南方本身就是一个大桃花，大门朝南是一个大桃花向，特别提醒一对新婚夫妻不要居住大门朝南的房子。

◎**勘察风水法则四：小区门前要开阔。**

小区大门的前面是外明堂位置，最好是一片开阔的空地。若小区大门外是一个大广场，那么宅主必定在事业上大有成就，而且财源广进，入住后用不了三年时间就会大发富贵；若小区大门前面是一个大池塘或是弯弯环抱的河流，或有一条弯抱大门的大马路，那么大门前的气场不仅对宅主的事业与财运有利，还可使家庭关系和睦，增进夫妻感情。弯环的河流和大马路一定要往里弯，千万不能往外弯，往里抱住大门，就像母亲怀里抱着婴儿一样。怀抱是有情的，抱住了，气不泄漏，外面的凶劣气场就打不进来，夫妻之间就不会出现第三者，小区里的新老夫妻感情和睦，不会发生离婚的现象。若小区大门前的河流或大马路是往大门外弯环，形成反弓水或反弓路，这种情况属于凶象，就相当于拉开待发的弓箭对住这个门，主人住进去以后，事业上不顺受阻，官职不升反而会降，夫妻不和睦，易招致口舌是非，身体还会出现难治病症。

小区开四吉门，对居住在小区里边的人会带来光明的前景，不论是事业、财运和小孩的学习等方面，都是非常有利的，但还有关键一条是四大吉门不能犯煞气，否则不算是理想的居住环境。小区大门不能对着大烟囱、火葬场和电塔发射塔，如果对着这些建筑物或设施，就称为大门犯了火煞，容易引起业主身体生病、头脑浑浊、高血脂、高血压和肝胆疾病。最忌讳的是，小区大门前面的近处有高架桥、立交桥和人行天桥。如果小区大门向着高架桥或立交桥，那么相当于一只老虎对着大门，属于犯白虎煞，居住在小区里面的人极容易生病或发生车祸等血光之灾。人行天桥的影响力相对小一些，但也应当引起注意。政府机关、公检法机关、劳改场和电影院都有煞气，小区大门千万不能正对着这些单位和场所的大门。集体坟场的阴气很重，在风水学上称为孤阴煞地，对人的事业财运和身体健康都会构成不利的影响，小区大门不能对着它。

◎ **勘察风水法则五：小区内一定要有水。**

前面已经说过，小区外围的东面有水为大吉，南面有河为大吉。地势要西高东低、北高南低，才算是好地段。现在提醒大家注意，不管是小区的外围环境，还是内部庭院，都必须有水才算大吉。如果小区里没有水，那么千万不能在这个小区买房，因为水象征财，无水不富，住在没有水的小区内，有钱存不住，易破财，还会发生很多不如人意的事情，将来必定会后悔。

门的方向确定了，一进入小区看到门内的明堂要开阔，不宜拥挤。特别是门内一定要有喷水池或有固定的水池，才能营造吉利的风水气场，有利于人们长期居住。水代表财运，象征智慧，又能调和血液，因此小区内部有水才能大吉大利。选择小区，首先要看小区内有没有水，特别是一进入小区大门，门向的中间位置一定要开阔，中间要设置喷水池或蓄水池，居住在这样的环境里肯定家庭和谐、事业发达，老人健康长寿，小孩学习成绩蒸蒸日上。

小区有水，象征财富；小区无水，意味着财源枯竭，人的血液不流畅。但一个小区里只有水而没有山，也是一大缺陷，因为山主人丁水主财，有水只能旺财禄，有水无山只能显富不能显贵，丁气也不旺。山为阳，水为阴，有山有水称阴阳搭配协调，必得富贵双全。小区的山，可理解为小区后边要高，不一定要求有一座高大的山峰。只要小区后面高，前面低，而前面低处又有水，山水之间的的地方阔大，肯定是一块好地，居住在这种地方的人心胸阔大、事业顺利向上、家庭和谐，这就是环境造就人的硬道理。但是如果小区建在山水之间狭窄的地面上，那么居住者将慢慢地变得小气起来，天天忧愁，呈三角脸相。因此，小区里山水分布是否优美，关键在于选址。

小区的外围环境、内部空间和门向的左右，地势要求西高东低，西边有道路、河流或水池都属凶象；东边有大路、有河流或水池是大吉之地。久居于此必旺事业、利财运、夫妻恩爱、小孩聪明、老人健康长寿多福。

◎ **勘察风水法则六：房型和户型要方正。**

小区里楼房一定要四方四正，从远处看去，房型与环境要和谐相处，房顶上部千万不宜呈现尖角，不能一边高、一边矮。看楼房和看人是一样道理的，若人的脸部四四方方、红光满面、精神焕发，那么这个人必定有好的运气；同样道理，若楼房的外形四方，四平八稳，而且楼房的颜色温暖祥和、光彩夺目，那么这种楼房的风水肯定是好的，一定能给居住之人带来好的运气。但如果楼房的中间尖、两边平，或一头高、一头低，或一边宽、一边窄，那么这种楼房的风水肯定不好。

小区的大门主要选择四大吉向，楼房的总门向和房型的单元住宅门向最好也取四个吉门，或者朝东，不要朝西、朝南或朝西南。

房型中的各个空间要四方，不能带尖角。客厅四方，客厅要大，主家庭和睦，男主人有能力，事业发达，小孩学习成绩也好；四方的客厅中间不宜有大梁压顶，否则男主人事业上的压力大，易犯小人，工作量增大但回报微薄、有压抑感；客厅的后墙靠山位置不能漏气，有窗有门都不行，后墙一定要有一道坚实的墙壁，才能使福禄寿三山齐全。卧室和厨房都不能有横梁，否则运气受压制，严重影响身体健康。总之，户型中客厅、卧室和厨房都应呈四方状，绝对不宜是三角形，不能有横梁压顶，不宜有门窗相对的漏气情况，否则需要调理化解才能居住；若调理难度大，则可放弃不住，重新购房。

◎勘察风水法则七：八个方位不能缺角。

缺角分为楼房缺角、户型缺角、客厅和卧室等屋内空间缺角。无论是哪一种情况的缺角，都是不吉利的，会对人的事业、财运和身体健康构成不利的影响。这里主要讲述户型缺角的凶象，户型缺角主要体现在客厅中。

西北方位缺角，说明家庭不和谐，家里的男主人没有能力，事业受阻滞，没有贵人扶持，容易患头痛和肺部疾病；在八卦中，由于西北方是阳刚之位，代表男人，西北方缺角必引起卦气缺失，会使家里的女孩子嫁不出去。即使嫁出去了，但是所嫁的老公也是不理想的。房子的西北方有卫生间或厨房，女同志很难找到满意的丈夫，若自身条件差，则很难嫁出去。

西南方位缺角的房子，男同志千万不能住，否则很难找到理想的老婆，因为西南方是阴位，代表女主人，房子缺了西南方就相当于这个房子中没有女主人的地位。即使男人的条件优越，找到了太太，但因西南方卦气缺失，太太不能得到天地正气的扶助，也会表现不好，容易闹离婚。

东南方位缺角，孩子不想学习，好玩，对小孩的学业相当不利。

东北方位缺角，家中的小孩容易生病。东北方缺角，不仅对男孩子不利，还会断了家里的财位，收入低，上班的人容易被单位辞退或被私人老板炒鱿鱼，最后断了财路。东方缺角，很难生得男孩。刚刚结婚的夫妇，绝对不能居住东方和东北方缺角的房子。东方和东北方安厕所的凶验与缺角同论，主要弊病是生不到男孩。

户型里的八个方位各有所主，无论是哪一个方位都同样重要，缺了哪一个方位都不好。不管户型面积的大小，其内部都有八个方位的功能和作用，就象古人说的"麻雀虽小，但五脏俱全"，都应当引起重视。

第五章
房屋格局设计
应考虑的关键点

第一节 住宅内部的关键点

人类社会的生活丰富多彩，有的人生活过得很惬意，有的人老是失败，抬不起头来；也有一些人长期被病魔缠身、痛苦难甚，无法自行料理自己的生活。只要仔细观察他们的家居住宅，就会发现他们的住宅风水存在着吉与凶的差别。

在现实生活中，我们每一个人都希望自己成功，希望子孙兴旺发达和家族的繁荣昌盛，但是有许多人根本无法把握机会，无论是事业还是婚姻和家庭生活等方面，都无法跟上别人，过着暗淡无味的生活。究其原因，不外乎家庭住宅风水凶应信息带来的结果。虽然家居住宅风水的凶应信息来源于住宅所处自然环境、住宅自身形状（房型）、格局设计以及内部的装修、装饰布置等多个方面，但是对于当代家庭住宅来说，风水吉凶的主要来源在于住宅内部设计与布局几个关键点。现将影响家居风水吉凶的几个关键点介绍如下：

一、大门

住宅大门是决定一家人对外的运势，故大门的位置和朝向十分重要，门朝吉方万事兴。

二、厕所

厕所是污秽臭气聚居的地方，对一家人的身体健康影响最大，一定要选择好适当的安置方位。北方和西方是最好的选择，最忌把厕所设置南方位置，因为厕所的水气十分旺盛，水与火存在相克关系，如果把厕所设在南方火地，那么人的心脏和精神上就会有病灾降临。

三、厨房

厨房具有水火两种五行，且两者悬殊很大，以火五行为主。厨房的方位、朝向及装修色彩等十分重要。

四、楼梯

楼梯的动气属于路气，很容易聚集腐败的空气，适宜安置于左边安全的方位上，要避免把楼梯安置在住宅的右边凶险的方位和中心（中宫）位置。

五、车库

车具有虎豹之气，会给人们带来恐惧感，因选择设置车库的方位要避开东北方和西南方，车库门也不可朝向东北和西南方，如果把车库设在东北或西南方位，或朝向这二个方向，那么车主就会不可避免地发生车祸和血光之灾。车库应尽量设在远离住宅的地方。

六、神佛像的安置

虽然说神佛是住宅风水以外的问题，但对于有宗教信仰的人士来说，他们会把神佛做为供奉的对象，因此家庭里安置神佛的位置和朝向方位依然是重要的。佛像的坐向一般为坐西向东、坐东向西、坐北向南与坐西北向东南。

七、地下排水管与楼顶下水道

住宅的地下排水管，不能通过房子下方的正中间，不能直穿大门流出，也不能横越大门前方。屋外的地下排水管暗冲住宅，也会给宅主带来凶祸。楼上的下水道，最忌设在住宅的西北方，其次是东方的卯位，南方的午位，西方的酉位和北方的子位。

八、水井

水井对一家人的吉凶影响很大，要在吉利方位上挖井，不能在凶煞方挖井。最好在东南方和西南方挖井取水，最忌在四正线（子午卯酉）和四隅线上挖井。

第二节　四正中线与四隅中线关键点

东、西、南、北四正方与西北、东南、东北、西南四隅方共八个方位，这八个方位都有一条贯穿中心的线。通过北方与南方、东方与西方中间十五度范围的线叫"四正中线"；通过东南与西北、西南与东北中间十五度范围的线叫"四隅中线"，其中连接东北与西南正中的四隅线又名叫"鬼门线"。说简单的一点，四正中线贯穿子、午、卯、酉四个方位正中央的线，四隅中线是指贯穿乾、巽、艮、坤四个方位正中央的线。

住宅四正中线与四隅中线属于尊严的位置，在住宅的格局设计上，不能冲犯。为安全起见，大门、客厅（起居室）、卧房、厨房、佛坛、书房与厕所等配置，应慎重考虑四正中线与四隅中线上的用事宜忌，否则会因胡乱布置招来无穷后患。

一、四正方位犯煞应验的疾病

住宅中东、南、西、北方的四正线位分别为卯、午、酉、子，它们是八卦五行气场中能量最为旺盛的方位，运用得当可以催吉，运用不当则会引发凶灾。从住宅的内五行来说，厨房、厕所、烟囱和下水道的设置方位是有讲究的，无论安置在哪个方位上，都会给家庭带来一定的影响，特别是安在子午卯酉四个方位上时，更容易引发人体疾病。

1. 北方子位

北方子位设置厨房、厕所、烟囱或下水道时，容易使人的心身机能降低，精神痿痹，感到疲劳，预防疾病的抵抗力衰弱。特别是厕所的便器和下水道安在北方的子位时，更会使主人肾病、前列炎、膀胱病或腺尿系统疾病，以及女人妇科病杂症、子宫炎、阴道炎等。还会使家人患虚冷症、头晕、精神不振以及胃肠消化功能减退、便秘等证状。如果把厨房、厕所、烟囱或下水道安在北方的壬位或癸位上，那么灾害就会减轻 60% 以上。

住宅北方子位犯煞对子年出生的人影响最大。

笔者在这里提醒读者，住宅的北方子位是神圣的方位，不宜沾污它。北斗七星的位置在北方。再者，从人类生活的历史来看，轮船在海洋里航行，飞机在天上飞行，都必须拿准北方这个神圣的方向。可以说，北方充满着科学无法说明的能量，它是人类生活中必须掌握的最基本的方向。在盖房子时，要通过合理的设计，利用好这个神圣的方位，千万不能把腐败的东西摆放在北方子位上。

2. 南方午位

南方午位设置厨灶和烟囱，会增强该方位的火气力度，家人容易患眼病、头晕等疾病；若把厕所和下水道安于午位上，那么南方的火气场就会遭到水的克杀，家人会患重症眼病和心脏病。

3. 东方卯位

东方卯位设置厨灶不会妨碍家人的身体健康和运气，但设置厕所和下水道就会危害主人的身体健康和事业运气。若把下水道、便器或灶台设在甲寅位上，则可以避免不利影响。

4. 西方酉位

西方酉位设置厨灶和烟囱，对家人的身体危害最大，主要疾病是咽喉炎、肺气肿、支气管炎和少女眼病等。若酉位犯了这忌讳，则必须改移方位或进行化解处理，方可保证家人平安无事。

5．子午卯酉是桃花

子、午、卯、酉四位是桃花重地，家居住宅设计或布局时，应慎重考虑这四个方位的重要性，否则家人容易犯桃花，而且患上与桃花有关的严重疾病。

二、四维方位犯煞应验的疾病

乾坤艮巽四维方位有厕所、厨房、楼梯、烟囱、下水道和净化槽均为凶象。下面将这些方位犯煞容易引发人体疾病的种类介绍如下：

1．西北方

西北方乾位犯煞，人的健康方面有头痛、高血压、糖尿病、血液病、骨折等疾病。应验人物为家中的老父、长男或46岁以上的男性。

2．西南方

西南方坤位犯煞，人的健康方面有脾胃病、皮肤病、消化系统疾病、食积腹涨等疾病。应验人物为家中的老母或46岁以上的女性。

3．东北方

东北方艮位犯煞，人的健康方面有脾胃病、肿瘤、手指痛，骨节痛、鼻病和背部疼痛等疾病。应验人物为家中的幼子（少男）或15岁以下的男孩。

4．东南方

东南方巽位犯煞，人的健康方面有肝胆疾病、手脚受伤、中风、抽筋、关节病等。应验人物为家中的长女或31岁至45岁之间的女性。

第六章 四象定位的风水含义

第一节 四灵山诀

在风水学上有一个重要的口诀——四灵山诀，即是"左青龙、右白虎、前朱雀、后玄武"。这是一个最原始的风水定位口诀，但又是风水学上最为实用的口诀。

四灵山诀中的四灵兽定位方式，是由天上二十八宿所引发出来的道理，是一种天象的特殊布局方法。东方有角、亢、氐、房、心、尾、箕七个星宿组成苍龙形的物象，故把东方称为青龙方；西方有奎、娄、胃、昴、毕、觜、参七个星宿组成老虎形状的物象，故把西方称为白虎方；北方有斗、牛、女、虚、危、室、壁七个星宿组成龟蛇合体形状的物象，故把北方称为玄武方；南方有井、鬼、柳、星、张、翼、轸七个星宿组成凤凰鸟的物象，故把南方称为朱雀方。

第二节 四灵山与八卦中的四大气场

在八大自然方位中，东方属震卦，五行属木，而位于东方的青龙属木；西方属兑卦，五行属金，而位于西方的白虎属金；北方属坎卦，五行属水，而位于北方的玄武属水；南方属离卦，五行属火，而位于南方的朱雀属火。

四灵山最初的定位是：东方为青龙、西方为白虎、北方为玄武、南方为朱雀。这种定位方式，最有利于坐北朝南的房子认定自然方位及四正方位气场的五行属性和吉凶利弊。但由于坐北向南房子的东方是房子的左边，西方是房子的右边，北方是房子的后边，南方是房子的前边，因此在长期的风水实践和应用中发生了变化，即东方青龙变成了"左方青龙"，西方白虎变为"右方白虎"，北方玄武变成了"后方玄武"，南方朱雀变成了"前方朱雀"。四灵山方位演化后，能在各种不同坐向的房屋格局上得到灵活的运用。

　　房屋的左边为青龙位，代表阳刚，代表男性。若房屋的左边青龙位壮旺，必有贵人扶助及拥有镇压邪气的力量。

　　房屋的右边为白虎位，代表阴柔，代表女性。若房屋的右边白虎位壮旺，则拥有强大的阴柔力量，女人大有作为。白虎过于强旺，易招官司是非、口舌。假如家宅明显偏左或偏右，造成青龙短而白虎长，或青龙长而白虎短的情况，代表家庭阴阳力量不调和，导致男女权力强弱或发展不均衡。青龙与白虎必须保持平衡，才称得上好的风水格局。

　　房屋的前方拥抱的空间为朱雀位，朱雀位也称为明堂。明堂一定要比宅基地低陷一点，最好有聚水，但不宜有一片汪洋大水。明堂的前面一定要有关拦，才能锁住内气，成为藏风聚气的格局；若明堂没有关栏，内气无法凝聚和流转，那么住宅无法生旺。

　　房屋的后方背靠的地方为玄武位，玄武要丰满、圆滑，而且要有生气。

第三节　四灵山代表山水真义

　　从国家出土的各种文物龙虎图案可以看出，风水学中的青龙、白虎观念产生于远古的黄帝时期。追究其根源，这可能是当时的一种"图腾文化"，后来才渐渐地演变成为一种信念，最初只认为青龙、白虎守在坟墓的两旁，祖先能得"龙虎二种兽"的保护，有守护和警戒的用意。

　　封建朝代帝王陵宫墓室的两旁，都会摆设很多狮子或骆驼等动物神兽，或者摆放文武百官的雕像，用以作为守护神。在阳宅方面，住宅门前伫立两尊石狮，或大门上贴一对门神图像，都有护卫的意思。这些做法，在形式上都很接近青龙、白虎的原始念义，后来中国风水学所提到的"左青龙、右白虎"就在于此。

　　由于后世风水学的发展，青龙、白虎观念也广泛流行，并且逐渐演变为宅地两旁"砂"或"山"的代名词，甚至演变成实质的"护卫地形"，这种龙虎风水观念在汉朝最为盛行。当代的风水理论中，青龙、白虎已经成了穴场左右两边"砂"或"山"的代名词。

　　究竟青龙、白虎是指山峰，还是指砂呢？如果读者对中国风水作了比较深入的研究，一定会发现青龙、白虎的实质含义和历代风水师的错误之处。关于阴宅风水中的专业术语——青龙、白虎、朱雀、玄武的定义，《葬书》中所说的阴宅"四神砂"，跟《地理大全》中所说的"四宿山"及《阳宅十书》中所说的四象都不同。

　　《葬书》上说："地有四势，气从八方。故砂以左为青龙，右为白虎，前为朱雀，后为玄武。"可见，青龙是指阴宅穴场左边的砂，白虎是指右边的砂，而不是指左右两边的山峰。一般的风水师，特别是文化水平低下的风水师，对风水古藉上所说的"龙虎"认识不清，误把穴场左边的山峰称为青龙，把右边的山峰称为白虎。现在，笔者给读者点明，"左山为青龙，右山为白虎"的观点是错误的。《葬书》还对"砂"的概念提出了标准："玄武垂头，朱雀翔舞，青龙蜿蜒，白虎驯俯。形势反此，法当破死。故虎蹲谓之衔尸，龙踞谓之嫉主，玄武不垂者的拒尸，朱雀不舞者腾去。"穴场左边的青龙砂和穴场右边的白虎砂都不宜太高，白虎砂要更低俯一点。因为青龙、白虎太高大，就会对穴场构成不利的影响：一是太高了，会压制穴场；二是龙尽气钟处为穴场，若龙虎砂太高大，会使"生气"随龙虎砂而去；三是穴场左右的龙虎砂太高大，会使穴位前的明堂狭小，不能引外气聚集于穴内。同时，青龙与白虎两砂都必须向穴场内弯抱，不可朝外反背，忌讳虎砂高大而朝内。只有龙虎都朝内环抱，才能使外气聚于内气，才能达到"龙虎卫穴"之目的。

《地理大全》上说："地理以前山为朱雀，后山为玄武，左山为青龙、右山为白虎。亦始借四宿之名，以别四方之山。"这里所说的青龙、白虎、朱雀、玄武四宿，是代表穴场前后左右的山峰。

《阳宅十书》上说："凡宅左有流水谓之青龙，右有长道谓之白虎，前有汗池谓之朱雀，后有丘陵谓之玄武，为最贵地。"这里所说的青龙、白虎、朱雀、玄武，是阐述阳宅基地四面的地理形局。

三部地理古籍，阐述青龙、白虎、朱雀、玄武四神兽所代表的实质含义，都有各自的观点。这里特别强调一下，研究阴宅风水的读者一定要注意区别，在阴宅的运用上，《葬书》上所说的青龙、白虎、朱雀、玄武，是代表"前后左右"砂的地形，而《地理大全》中所说的青龙、白虎、朱雀、玄武，是代表"前后左右"山峰的形势。在阳宅的运用上，《阳宅十书》中所说的青龙、白虎、朱雀、玄武，是代表阳宅"前后左右"四面的地理形局："左有流水，右有长道，前有汗池，后有丘陵。"

第四节　各派风水离不开八卦和四兽

　　各派风水都离不开八卦，八宅派用八卦，玄空派也用八卦，其他门派同样使用八卦。

　　八卦是各门风水的基础，占断风水的吉凶必须使用八卦，而青龙、白虎、朱雀、玄武是蕴藏于八卦中的四大重点气场，对人类的吉凶祸福具有决定性的作用。由于房屋的环境和格局不同，这四大气场产生的效应也不相同，导致住宅风水吉凶的不同。比如小别墅和四合院的环境好、格局好，能得到四大气场的调节，其内部气场优良，有利于人们长久居住；而城市居民楼的左右有邻居，无法使四气齐全，不能邀福，所以城市居民楼难出大富大贵之人。

　　小别墅和四合院之所以能出大富大贵的人物，一方面是小别墅四面有宽阔的空地，可以合理使用，四大气场能对独特的小环境注入加持的能量，也就是大环境润泽小环境的道理；另一方面，四合院四方四正，八卦齐全，气场平稳，有利于丁财并发。久住小别墅，越来越发，越发越大，主要是因为小别墅能在四方择吉开门，不受场地空间限制，而城市居民楼则做不到；久住居民楼的人贫穷，久住别墅的人发财。

第七章
阳宅八门代表的意义

第一节　门的重要性

阳宅的门有大门、中门和小门之分。门无论大小高低，都具有纳气功能和作用。门位就是住宅的收水方位，住宅风水的好坏，大门方位与朝向起着关键性的决定作用，在生旺方开门，就能够把屋外大自然中的吉利气流收纳到屋内，有利于补益宅主一家人的身体，同时又能提升宅主一家的综合运势。

除了门的方位和朝向外，对门的款式设计、材质、装饰色彩和门前门后的布置等也是不可忽视的。家家户户都有门，进进出出有学问，别扭之门人厌恶，舒适门户万事兴，这是千真万确的事实。无论城市楼房还是乡村民居，都要重视门的方位与朝向，还要注重门的款式、装饰材料和色彩等。从款式而论，有大门与小门、高门和矮门，有长型门、拱圆门等形式；从材质而论，有铁门、钢门、玻璃门和木门等；从色彩上看，有红色、白色、黑色或绿色、黄色等等。

住宅的门很重要，一定要把它建好，因为门就像一个人脸面上的嘴巴和鼻子，是一个家庭与社会外界联系的窗口，大门的设计一定要简法而明亮，色彩必须与整体房屋相协调，决不可脱离房屋整体而去追求大门的格外美观。

天上有九星，地下有九宫，各宫有各宫的气口，对于阳宅而言，这个气口就是指进气的门口。阳宅是以阴阳五行推断气场，以后天八卦的排列模式来定八门，八门之中的气场有吉有凶，阳宅开门应当选择和谐吉祥的方位。城市楼房中，以楼下的大门为大气口，以自己住家的房门为小气口。判断自家风水吉凶，一般不论楼房的大气口，只论自家的屋门。若门开在吉位，且朝向吉方，则可纳入生旺吉祥的气场，就会使主人的心情舒畅、身体健康、事业顺利；若门开在凶位，则纳气污浊且带有煞气，会使人的精神颓靡，身体健康欠佳，事业不顺等等。乡村院落住宅，以院大门为大气口，以主房门为小气口，均应从八门之中选择吉位，方能给主人催吉。

　　住宅大门是家庭与外界的分界线，它代表主人的颜面，修造大门一定要慎重考虑它的大小，太大或者太小都是不理想的。家宅房门的大小必须根据房屋的大小与高低来决定，院子大门也是根据庭院的大小来确定规格尺寸的。小宅院应造小门，大宅院应造大门。若宅院小而大门高大，不能聚气，就会因泄气而败财；若宅院大而门太小，就会因纳气不足、气流不顺畅，导致大宅换气不及时，郁积废气，容易使人生病。

　　屋大门小谓之闭气主病，屋小门大谓之泄气败财，家宅兴旺不兴旺，关键要看客厅门。

第二节　八门与八卦

一、八门与八卦的互通性

　　八门即是指东门、南门、西门、北门以及东南门、西南门、西北门、东北门，这是以自然八大方位论八门名称。

　　八门也可以用八卦来命名。由于震卦居于东方，故东门也可以称为震门；离卦居于南方，南门也可以称为离门；兑卦居于西方，西门也称为兑门；坎卦居于北方，北门也称坎门；巽卦位于东南方，东南门也称为巽门；坤卦位于西南方，西南门也称为坤门；乾卦位于西北方，西北门也称为乾门；艮卦位于东北方，东北门也称为艮门。

二、八门吉凶与人生恩怨

八门的定性，是以门的方位决定的，也可以依门的朝向作依据，如在东南方开门称为东南门，在西北方开门称为西北门；朝向东方的门称为东门，朝向南方的门称为南门。

一个独立的院落，在不同的方位上开门或大门朝向不同的方位，所主的吉凶祸福是不同的。门的八大方位，不仅适用于一家一户的独立院落，也适用于别墅和普通住宅。下面分别介绍八门的喜忌及其所代表的实在意义。

1. 东门

朝向东方的门称为东门。大地的东方是太阳升起的地方，阳气旺盛，自古就有"紫气东来"的说法。大门朝东，可迎纳来自东方的吉祥气场，对宅主一家的身体健康和事业前途均有益处，因为东方属于八卦中的震卦，其气场能量与人的事业运以及身体存在十分密切的关系。从事业来论，开东门容易出武官，子孙当中会有人进入公检法机关或部队、政府单位里任职。若住宅山水气脉合局、秀美而有情，还会出镇守边疆的大将军，成为国家顶天立地的栋梁之材。

住宅开东门，门体不可太高，门槛也不能过高。

东门是白虎悬腰门，要用一对狮子把门，否则一旦遇上煞气，家人必出伤灾。门前不能有高压线、变压器和电视发射塔，否则犯火煞。火煞冲虎，家人易患神经衰弱。

在公检法和部队里工作的人最宜走东门。

一般地说，住宅的东边宜有大树，但住宅开东门情况就恰恰相反，门前近处忌有三棵以上的大树，有竹林也不好，易招阴气。

总之，东门的门前有煞气，会使宅主事业不顺，家人容易生病，小孩不走正道，伤子孙，还会出盗匪之人。

2. 东南门

西北为天门，东南为地户。东南方处于东方青龙位和南方朱雀位之间，是文曲星把守之地。住宅开东南门为文昌门，可催旺读书运，后代子孙近官近贵，可出文官状元。太阳从东方升起，东南方是八大方位中吸收热能最多的地方，东南门为太阳门，可招财，利于读书和开发智慧。

东南门的门口近处，不能种植桃树和杏树，门口有大树招阴气，家人会生病。东南门前，不宜种植开花植物，因为开花植物容易招花引蝶，招引阴性的东西，使家人情魂飞散，易犯桃花病。

在地理环境上，东南方宜栽种植物，但是如果住宅开东南方门，那么花草植物就成了风水上的忌讳了。东南方门的前面不宜栽种花草植物，只需种植竹子，就能达到通气、招财、旺官的效果。东南门的南边多栽竹子，家有万卷书；若东南门的南边栽种花草植物，则男人淫荡离家门。

3. 北门

北方的一白水是北斗七星的星主，是文魁星，代表头名状元。北门为文昌门，我国著名大学的第一道门都是北门。北门要低，要宽，才能培养人的智慧，才能出人才。

人的富贵贫贱在于门，身体有病在于厕所和厨房。

北方为"休门"，可纳乾艮二方之气，不仅利于读书，也利于发财、升官。但北方为重阴之地，故北门为阴门，最宜使用白色或银灰色装饰门面，再配以不锈钢柱子，最忌用红色涂门，因为水火相战不吉。

门外两边有竹子更好，可使主人聪明绝顶；门内摆龙最好，这叫龙门。

从自然环境说，北方喜高大厚实之地，不利低洼见水，但在北方开门，喜忌就大大不同了。北门的左右两边有河流最好，门前喜水不喜山，出门最怕见山；门的前面，最忌下雨时水往北方流，这叫淫荡水、无情水。门前水往东边和东南边流去才算吉利。工厂大门朝北，大吉。

4. 南门

在古代一个很长的历史时期，人们都认为南门好，阳气旺盛，有利干事业发展和升官发财。全国各地盖坐北向南房子占多数。

南方位置对人的声誉和社会威信影响很大。若在南方开门，门前山水合局、有情，则可以大大地提高宅主的好名声，受到社会各界的信任。但南门的忌讳太多了，若弄不好，就会出现车祸伤灾、重症疾病和威信严重受损等病伤灾难。

南门最忌冲破，门前不可有高架桥、人行天桥，否则容易发生意外流血伤灾。若天桥正冲门，必伤男人（老公）；若楼角冲门（即屋角冲门），易伤小孩，还会伤中年女性的心脏和眼睛；门前有路对冲，对女人非常不利，容易引起女人自寻短见。

从地理环境的阴阳平衡角度来考虑，南方喜见水或低洼之地，但若在南方开门，则要求的情况就不同了，南门前面不能太低，更不可一出门户就走下坡路；门前太高也不好，以平地为最好；门外有反弓路、反弓水均大凶，易发生车祸等血光之灾；常说大门方向喜路环抱，路抱南门，叫做长蛇吐信，主人易患脑出血、心脏病和肝癌等。

北门要低要宽，南门要窄要高。政府办公楼大门宜朝正南方，大吉！

5. 东北门

东北门是"生门"（即生气门）。住宅开东北门利于求财，"生气之方好求财"已成风水行业的千古绝语。

东北门应以圆形门为好，方形门不吉。门的两边要有圆柱，门槛要半圆形，因为圆状能聚气，方形易泄气；方形门框，门头设计半圆形最好。色彩可用金黄色、红色、银灰色，不能用绿色，因为绿色门有棺材气，是棺材门，不吉利，易招衰气和病灾。

东北门的门前不能有水，门里偏南的位置有水比较好，对小孩有利，特别对家里的三子有利。门口偏东可有水，此为青龙得水、大发。院门前不能有任何东西，如草堆、臭水等都不行，门口处不能栽草木，门前平整方为大吉。

东北门忌开门见山，最忌见坟头。门前平整为好，门左右两边有河为好。

门前忌有桥梁，忌有树。若门前有桥，会死人的，多数是病死、夭折。门不能对墙角，否则易癌症。门前五米以外，有道路较好。

东北门不可犯煞气，在门前用石狮子镇压，可以避邪。

院子开东北门，与之相对的方位西南方要处理好，西南要平坦，不能高。走东北门，西南方可作厨房、仓库、花园、水池、球场、种花草。坤位千万不能做厕所，厕所可以设在西方位置。若在坤位做厕所，家人易患的血病、食道癌、胃热、肾衰等，特别对家中老母不利。

6. 西门

从住宅的地理环境来说，西方宜高，东边宜低，西方有水为浊水、败水，东方之水才为吉水。一般住家不宜在西方开门，西方开门为败水门，不利夫妻感情，口舌是非多，败官运，财气也不聚。

家庭住宅的院子最好不要开西门。若因环境局限，非开西门不可，则门位往西北的戌位靠最好。并且大门的颜色以黑色为最好，绿色也可用，因西方为兑卦，而兑为浊水之地。西门为浊水门，故开西门的房屋布局应注意，院子内外不能设置水池，院内可以多种花草与栽竹子，大忌有水流。

7. 西北门

西北门是"天门"。东南和西北相对，西北为天门，东南为地户。住宅开东南门，利求财，利求学，可出文秀状元；开西北门，利文职官场，可使财官并发。

住宅开西北门，腰缠钱财千万贯。若门前山水秀美、合局、有情，再加上家里有好的坟地，那么定能出帝王将相，至少子孙后代必出达官贵人。

西北门为财官两旺之门，主人有财力，有权力。特别是对政府机关来说，走西北门就更加实在，领导牢牢掌握权力，又受部下拥戴，上下同心协力。

虽西北门旺财又旺官，但也受条件限制。西北门必须高大，但宜高不宜宽，一般根据房屋或院落的大小情况，以宽 1.9 米 × 高 2.3 米的比例放大或缩小最好。西北门以圆形门体为佳，因为圆门张口接气，容易纳气和聚气。西北门的门前门后都不能有水，有水则为泄气门。门外有河流环抱，门与河流相抱成男女接吻之象，则可在院子东南角上修水池接应。西北门不能使用红色油漆，可用黑色漆料涂门，此为金水相生之象。白色大门也可得比和之利，白色不锈钢门更好，不要再涂其他色彩。

8. 西南门

西南方为阴盛阳衰之地，一般阳宅不宜开坤门。在八门中，西南门为"死门"，住宅开西南门，一定要处理好，否则家人容易生病。特别是门犯煞气时，疾病更为严重，很多开西南门的家庭，都因女人生疾病而败家。住宅开西南门，门前为平地较好，但家庭也不会风调雨顺；主要表现为男人没有女人长寿，阴阳失调，家庭前景暗淡。

住宅开西南门，子女不务正业，不争气，易生偷盗之心或伤害人命而导致牢狱之灾。特别是门前陡坡或凹陷时，情况更为严重。

练兵场、仓库和体育馆，可以开西南门。

第三节　八门首重三吉门

门的吉凶在于门向和方位，八门之中吉凶有别，不能一概而论。在过去一千多年中，大多数人都认为南门好，喜欢盖坐北朝南的住宅。但经风水实践验证，朝南的门向为朝阳，房子收纳的阳气亢旺，容易造成阴阳失调，人住进去后普遍出现三个弊病：一个是身体会患高血压、肝病和呼吸器官疾病；二是事业有波折，钱财上也容易发生纠葛，应验于后期，二十年后家运不顺；三是家庭成员婚姻上容易出现问题，不是男人犯桃花，就是女人犯桃花。原因是南方本身就是一个大桃花地，特别是南方的午位开门且门向午方，午位又见水，情况更为严重。建议结婚不满10周年的一对夫妻，不要居住大门朝南的房子。

根据门的吉凶与利弊，可把八门划分为真门和假门两大类：西北门、东北门、北门、东南门和东门是真门；南门、西门和西南门是假门。真门之中，又可分为大吉门和小吉门，因为五大真门的催吉的力度各不相同，所以产生了三大吉门的说法。

三大吉门就是指西北门、东北门和北门。西北门为第一大吉门，东北门为第二大吉门，北门为第三大吉门。下面对三大吉门作介绍：

1. 西北门

西北门是指门口朝向西北方的门。

西北门是三大吉门之首，也可以说是八门之最。西北方为天门，在地理上属于阳刚之地，住宅门朝西北方，有于事业的发展，特别有利于男人开创事业。门朝西北方，宅主事业的成功率高，因为西北门是个富贵门，利于权势，利于仕途，无论是在政府部门工作，还是在事业单位、国家企业或者自己成立公司开创自己的事业，凡是在西北方开门的，都能使事业得到飞黄腾达的发展。

门朝西北有二种情况：一是住宅或单位办公楼、办公室的主门朝西北；二是住宅或办公楼、办公室的正门朝向其他方位，而在院子的西北方位开立院门，都叫西北门。城市楼房住宅和农村住宅不同，城市楼房中住宅是在楼梯间开门，只要门朝西北，就可以大吉论之；而农村住宅的款式多样复杂，有单栋屋，还有三合院和四合院的格局。若单栋屋的门朝西北，外部没有厢房和围墙，则也可以大吉论断；若单栋屋的前庭三面都拉围墙，而且主屋是坐南向北或坐东向西，那么在围墙的西北位置开设院门即为西北门；若是三合院或四合院，主屋朝向是坐南向北或坐东向西，则可在整体院落的西北位置开设院门，即为西北门。另外，城市住宅小区中，是以主体楼宇来确定小区的坐向的，若主体楼宇坐南朝北，则小区的庭院大门要偏西边开，这就叫西北门向；若主体楼宇坐东朝西，则小区庭院大门偏北边开，这就叫西北门向。

2. 东北门

东北门是指门口朝向东北方的门。

东北门是第二大吉门。东北方是第一大财星八白星所在地，面朝东北方可以直接跟大财神说话，大财神就会给人带来财气，同时会给人带来平安和吉祥。

西北方位利官贵，东北方向好求财。东北方为生门，住宅门朝东北必大富，特别是做生意的商人，或在公司里给人家打工的人，走东北门最好。东北门对妙股、期货和彩票行当也非常有利。

3．北门

北门是指门口朝向北方的门。北门是第三大吉门。

北方是北斗七星所在的位置，住宅门朝北方，面朝北斗七星，可以使人的头脑聪明、身体健康,还可以消灾避祸。搞技术开发的人、学校的高等教员和正在读书的孩子，最好居住大门朝北的房子。

房子坐南朝北，主人头脑清醒，遇事不会糊涂;小孩灵活、聪明，读书进步。

第八章
家宅吉凶相与三不遇宅

第一节　家宅的吉相与凶相

一般地说，判断一个家庭住宅吉凶的关键点有以下九个方面：①地基或房屋的缺角与突角的情况；②厕所、浴室、洗手间、净化槽和下水道的方位；③屋外排水管道的走向和池塘方位；④厨房的方位与炉灶的坐向；⑤大门的朝向设置方位；⑥楼梯、车库的方位；⑦神佛坛的设置方位；⑧水井方位；⑨来路（走廊）的方位。

下面通过对这些关键点的剖析，简明形成家宅吉相与凶相的根本原因。

一、吉利家相
（一）对家里孩子有利的家相

1. 孩子的卧房或书房安排在家庭住宅的北方、东方或东南方；如果是女孩子，就安排在东南方或北方，不要安排在东方。这些方位设置书房，特别有利于小孩做功课，学习成绩一定会渐渐地提高。

2. 在孩子的出生年生肖方位上没有设置炉灶、厕所、下水道、楼梯或烟囱，或摆放电视机、电脑和电冰箱等高热能的电器。

不在孩子出生年生肖方位上设置门户、楼梯或烟囱。例如家里孩子生肖属龙，龙在辰位，在东南方的辰位上没有设置炉灶、厕所或烟囱等凶物。

以上二点，均属于有利孩子的家相。

（二）对家里老父亲有利的家相

1. 老父亲的卧房在家宅的西北方。

2. 在老父亲出生年生肖方位上没有安置烟囱、炉灶、厕所、下水道或摆放电视机、电脑或电冰箱等高热能的电器，或在老父出生年生肖方位上没有设置楼梯。

以上二点，均属于有利老父亲的家相。

（三）对家里老母亲有利的家相

1. 母亲的卧室在家庭的西南方。

2. 在老母亲出生年生肖方位上没有设置厨房、炉灶、厕所、烟囱或下水道，也不安置楼梯。

以上二点，均属于有利老母亲的家相。

二、凶险家相

（一）对孩子不利的家相

1. 孩子卧房或书房在南方位置。

若把孩子的卧房或书房设置于家庭住宅的南方，那么孩子将成为不良少年，不仅会给家庭导演暴力行为，还会给社会造成危害。

2. 长子的卧室在西北方

西北方是一家之长的定位，不宜给长子占居。虽然民间流行"长子比父亲大三岁"的说法，但是只要家里的老父健在，长子是不能长期居住于西北方位的。

如果把长子的卧室设置西北方，那么长子的举止一定会变得粗鲁、性情野蛮，人际关系差，很难受到爱护。

3. 孩子书房设置在西北方

把孩子的书房设置在西北方，孩子好玩，不喜欢念书，还会使孩子缺乏毅力，而且固执任性。西方、西南方或东北方都不行。

4. 房子四周筑起高高的围墙

房屋的四周筑起高度超过 2.1 米以上的围墙，而房子建在围墙围合的空间中心，这种房子的功能就相当于"囚牢"了。因为四周围墙象个"口"字，而人居住于围墙圈成的空间中心处，就成了个"囚"字了。

住在这种房子里，人的眼光短浅，容易发生短视行为，更严重的是使人难于舒展、事业不顺、生意落空，还会遭受官司牢狱之灾。

特别是住宅的四周都是钢筋水泥墙围绕，空气流通不佳，容易使家人的身体健康受到影响。家中有老年人或体力与抵抗力较弱的人，最忌居住这种房子。

大致上说，自建的房屋围墙只能拉到房子的前墙，而不能拉到后边，小区的围墙可以全部围起来。围墙的理想高度是略高于居住主人的眼睛为宜。

（二）建厕所的位置有突角的家相

厕所设在住宅的中心，容易使人生病，也容易招引一些无端的凶祸，是住宅风水中最使人担忧的问题。

还有一种是风水书籍中很少提到的情况，更是令人担忧的，就是在住宅中存在突角的方位建厕所。因为有突角的方位，其能量相当大，如果在这个位置设卧室、客厅或书房，那么就会增强用事空间的吉度，但是在突角位置建厕所，就会起反面的作用，容易使人走极端、牢骚多、优柔寡断，无法把握机会；还容易使人心性急，做事蛮冲乱撞，虽然有较高的学识和智慧，但却无法得到充分发挥。

（三）事业失败、小偷光顾的家相

东北方和西南方是鬼门位，东北为"外鬼门"，西南为"里鬼门"。

在东北方艮位开门，事业将陷于大失败，遭受很大的损失，人际关系也会高度地恶化；也容易遭小偷窥探，使财产遭受损失。

周易与家居环境

在西南方坤位开门,其凶象主要表现为:家人有奢华浪费的习惯,难于得到别人的信任,运势会渐渐变弱,无法东山再起。

特别是客厅门位于两鬼门线上更凶。

（四）使人不讲信用的家相

在家庭住宅中,有很多人把走廊视为无关紧要的部分,其实家宅内部的走廊是悠关社会地位和个人信用的重要部分。

判断走廊的吉凶,通常是以走廊的长度和宽度为依据。面积较大的房子,屋内走廊的宽度可在 1.2-1.5 米之间,长度最长也不能超过房子长度的三分之一;面积较小的房子,屋内走廊的宽度限于 0.9-1.2 米之间,长度限于 4-6 米之间。如果超过了已上的限数,均视为凶相,容易使人失去信用,社会地位也会受到不利的影响。

（五）声誉受污的家相

南方是掌管人的名声运,南方犯煞气就会使家人的名誉受损。

住宅大门的南方午位上有卫生间、池塘或净化槽,都会招引凶祸降临,特别是遭受来自外面的谣言,会使家人的名誉严重受损。南方缺角同论。

开在南边的大门（午门）对着屋角、电线杆等煞物,更容易毁坏家人的名声。

（六）官场受挫的家相

住宅的东方有缺角、西北有厕所,主人在官场上很难有升迁的机会,而且小人多、领导不重视,才华得不到发挥。特别是生肖属兔的人居住在这种房子中,运气更差,贵人远离、小人当道,事业没有成就。

（七）女人不育的家相

社会上有不少夫妇结婚好几年后,还没有生儿育女,究其原因,他们生理上没有缺陷,也不是命相冲犯。即使花了万金求医吃药,也没有什么效果。

这里有个秘密公布给读者，凡是初婚女性的生肖方位，有炉灶、厕所、下水道、烟囱、热水器、电视机、电脑、电冰箱等水火二性物品压住，加上家里又不安神佛坛，极容易引发妇女不孕不育的疑难杂症。有一位辛亥年出生的女性，结婚八年后尚未生育孩子，查看她家宅风水时，发现西北方的亥位处设置炉灶。从风水角度上说，这就是引起她不孕育孩子的主要原因。如果夫妇二人的生肖方位都被凶物压住，那么生育孩子的希望是十分渺茫的，但家里安神佛坛的家庭另当别论。

要想婚后顺利生育孩子，除了初婚女性的生肖方位不能犯煞外，该女性所属的八卦方位也不能犯煞。

（八）丈夫身体衰弱的家相

男性的生肖方位不能设置炉灶、厕所、烟囱、下水道等凶物；同时，家庭住宅中属于该男性的八卦方位也不能犯煞气。若以上二个方位都犯了煞气，那么男人的身体必然衰弱，性器官也会受损，难于生育孩子，但家庭中安神佛坛者另当别论。

如果一对新婚夫妇各自的生肖方位都有凶煞占据，家里又没有安神佛坛，那么他们生育孩子的希望十分渺茫。

家庭中设置神佛坛的好处很多，既能驱除阴邪煞气，又能活跃房屋磁场，打通人体血脉经络，调节人的情绪。

（九）丈夫早逝的家相

房子的西南方位阔大、有突角，而西北方有厨房、厕所或净化槽，容易造成丈夫早逝，祸害降临妻子身上。

家庭成员的定位，西南方是妻子的位置，如果住宅的西南方的空间阔大或有突角，那么该方位的能量就会大大地增强，妻子的欲望也会随之变强；同时，西北方有厨房、厕所或净化槽，就会使丈夫的身体衰弱。妻子的欲望过于强烈，就会不考虑丈夫的自身状况，为了满足自己的欲望，结果损害了丈夫的身体，而把灾害留给了自己。西南方有突角所带来的凶祸是突击式的，丈夫往往容易在深夜突然昏迷不醒直至去世，妻子遭受丧夫的凶祸，也陷入了痛苦的深渊。

不仅西南方位有磁突角会给家庭带来凶祸，西南方建厕所也会给妻子的健康方面带来灾害，容易使家人患消化系统疾病、脾胃病、腹膜炎、神经衰弱和忧郁症。

西南方建厕所、有突角，是危害生命的大凶相，特别是在西南方突角上安厕所危害更大。未年和申年出生的人，绝对不宜居住在西南方突角上安厕所的房子里。

（十）单身女儿婚姻破败的家相

家庭中有单身女性，就应当注意调整好住宅西方的风水。从住宅的中心看，西方四十五度范围的磁场能量与家中女儿的婚姻有着密切的关系，如果希望女儿有幸福的婚姻，就要利用好西方的能量，否则女儿婚难成，或难得良缘或错过婚期。

西方作为客厅或女儿的卧室，或西方有突出的情形，都是吉利的，不会给女儿的婚姻生活造成危害；西方位置有水，如厨房或卫生间的下水道、净化槽、池塘、水井等属于凶相，西方酉位设厕所也属于凶相，均会给家里单身女儿的婚姻带来不利的影响。如果再加上女儿的生肖方位也犯了风水上的煞气，那么不仅女儿的婚姻不顺，而且还会招致凶祸。

按通常的排序论，女儿有一二三之分，西方的风水磁场对她们婚姻生活的影响是因人而异的。一为长女，归属于东南方；二为次女，归属于南方；三为小女，归属于西方。如果西方犯了煞气，而东南方也犯风水上的煞气，那么家里女儿婚姻不顺，特别是对长女的婚姻生活影响更大；如果西方犯了煞气，同时南方也犯了风水上的煞气，那么家里女儿婚姻必定不顺，特别是对次女的婚姻生活影响更大；

如果西方犯了煞气，那么煞气会针对着幼女的婚姻生活造成相当不利的影响。

西方犯煞气对女儿婚姻的影响，主要表现为以下几种现象：

1. 眼光过高，会严重错过婚期，最后只好单身度过一生。

2. 爱上有妇之夫，受人四处张扬，成了闲人茶前饭后谈论的热门话题。

3. 容易听信谣言，最后与恋人酿成爱情悲剧。

4. 容易受欺骗，与男人同居，而最后被遗弃。

（十一）防碍单身男子婚事的家相

长男的婚姻生活与住宅东方的风水信息有着密切的联系，如果家宅的东方位置上有厕所、下水道、净化槽，那么长男的婚姻就会不顺。子、午、卯、酉四正位为桃花位，如果东方有煞物恰好建在卯位上，那么长男婚姻难成，即使已经结婚了，也会闹离婚的。卯位上有厨房或烟囱，也会给长男的婚姻生活造成一定程度的影响。

中男的婚姻生活与住宅的北方风水信息有着密切的联系，如果家宅的北方位置上有厨炉、烟囱、下水道、净化槽或厕所等，那么容易造成中男的婚姻不顺。北方的子位为桃花，若子位有炉灶、烟囱或坐便器等煞物，则中男婚姻难成，即使已经结婚，也会因夫妻感情不和而离婚的。

少男的婚姻生活与住宅的东北方风水信息有着密切的联系，如果家庭住宅的东北方位置有厨房、灶台、烟囱，下水道、净化槽、厕所等煞物，那么少男的婚姻必定不顺。特别是东北方的艮位上有煞气，对少男的婚姻生活影响将会更大。

（十二）妻子红杏出墙的家相

西方的风水信息与女人的性关系十分密切，如果西方位置有缺角，而妻子的生肖方位又被厨灶的火气冲犯，那么妻子的异性关系紊乱，夫妻性关系不会圆满。主要表现为妻子对丈夫的性生活不能满足，红杏出墙，执意去寻求别的男人。

若东方的卯位有厨灶火气冲犯，西方又有缺角的情况，那么家中属兔的妻子容易红杏出墙。

若东南方的辰位或巳位有厨灶火气冲犯，同时西方又有缺角的情形，那么家中属龙或属蛇的妻子容易红杏出墙。

若南方的午位有厨灶火气冲犯，再加上西方有缺陷，那么家中午年出生的妻子容易红杏出墙。丙位与丁位有火气是正常的，不会造成危害，但午位有火气就变成凶相了。

若西南方的未位或申位有厨灶火气冲犯，同时西方又有缺陷，那么家里未年和申年出生的妻子容易红杏出墙。

若西方酉位有厨灶火气冲犯，那么家中酉年出生的妻子表现是最坏的了。妻子红杏出墙会引起左邻右舍的指责，名声败坏，最后导致婚姻破裂、家庭崩溃。

若西北方的戌位或亥位有厨灶火气冲犯，同时西方又有缺陷，那么家里戌年和亥年出生的妻子容易红杏出墙。

若北方的子位有厨灶火气冲犯，同时西方又有缺陷，那么家里子年出生的妻子容易红杏出墙。

若东北方的丑位或寅位有厨灶火气冲犯，同时西方位置又有缺角的情形，那么家中丑年或寅年出生的妻子容易红杏出墙。

总之，住宅中的厨灶火气会使人失去自控力，破坏人的正常思考能力，甚至会使人精神异常。火是五行之中最为强烈的东西，无论炉灶安置在哪一个地支方位上都是凶相的，特别是西方的酉位有厨灶火气，夫妻感情一定不好，根本谈不上互相合作、生育孩子的事了。

（十三）男性容易外遇的家相

西方的风水信息掌管着人的异性关系，如果房子西方位置有池塘、厕所、厨房、烟囱、下水道等跟水火有关的东西，那么极容易使家中的男性有外遇行为。特别是西方缺角的同时，又有池塘、厕所、厨房烟囱和下水道分布于酉位上，男性的生肖方位又有煞物占据，这种情况会增加男性外遇的机会。不仅仅是逢场作戏，而是长期与外面的女人混在一起，不想回家。

第二节　三不遇宅

自古以来，人们建房造屋，不仅要注意住宅周围的自然龙脉与山水的分布情况，还很注重宅基地的形状以及附近的道路、巷口等因素影响。这主要是人们在阳宅修造的风水实践中，已经认识到这些因素会对宅主产生吉凶的影响。从古代造屋修宅的相关书籍中，可以了解到当时人们对宅屋吉凶的看法及其所提供的观点是符合逻辑的，如古籍《修宅次第法》中记载："宅以形势为身体，以泉水为血脉，以土地为皮肉，以草木为毛发，以舍屋为衣服，以门户为冠带。若得如斯，是俨雅，乃为上吉。"不仅对住宅周围的地形地貌、山脉、水流形态和走向进行分析评估，还对住宅周围道路的方向与宅基的位置、形状，附近建筑物的方位与性质，树木的种类、形态和位置等做过细致的研究。经笔者在风水勘察和调理实践中验证，古人罗列的100多种宅形中，最能反映出他们认识住宅吉凶正确观点的，是对三不遇宅的判断与评估。

三不遇一般是以房屋的宅基地形状而言的，是指建在前宽后窄、前高后低基地上的房屋和鸭颈宅。

1. 前宽后窄

前宽后窄的基地，就是指盖房子的宅基似棺材形状，一头大一头小。前宽后窄是说房子向首位于基地宽阔的一边，房子的坐山位于狭窄的一边。这样房子的开口前方就象喇叭口一样扩张，屋内气流容易向外流散，不聚气。宅气不养人，主人四时不得安宁，家里长期有病人悲啼呻吟，家长哀声叹气，最终耗尽资财、人口绝灭。前宽后窄的院子和客厅同论。

请读者注意区别，前窄后宽的基地，恰好与前宽后窄相反，是指盖房子的宅基地似棺材形状，头尾大小不一致，住宅的向口位于基地狭窄的一边，而坐山位于宽阔的一边。这种形状的宅基地比较安稳，容易使主人发财，甚至珠宝满门。但丁虚且弱智，不宜长久居住。

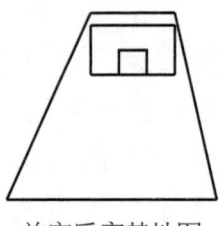 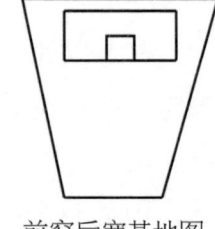

前宽后窄基地图　　　　　　　前窄后宽基地图

2. 前高后低

前高后低的宅基地，是指房子地基前方的地势高于房子后面的地势。前高后低的房子一般分为两种情况：一种是住宅前面地势特别高大，且比房屋高出许多，而住宅后面则为平地；另一种是住宅前面地势高大而宅后又低洼有水。前高后低的宅基地，若住宅前面是向前渐高的山坡，那么家里长幼神志不清，特别是家长昏头昏脑、不管家政，下代子孙忤逆不孝；若房子后面低洼，如有沟、河和池塘等，都属于前高后低不吉房子，不宜居住。因为屋后为福禄寿三山，屋后低洼有水，则福禄寿三山受损，不利子孙，不利官贵，也不利寿元。

3. 鸭颈宅

鸭颈宅是住宅与来路或巷道形成的关系形象化，就是指像鸭脖子形状的住宅。这种住宅的大门几乎和来路连接在一起，好像鸭颈一样。住宅的大门对接着来自外面一条长长的巷路，或与来自外面一条弯弯曲曲的巷路对接，巷道之气就会直捣住宅，给宅主带来凶险的影响。鸭颈宅给宅主带来的祸患，主要有手术、大脑神经病、车祸、男人腰痛、受骗、官司口舌、牢狱之灾、破财等。应灾时间，主要在五黄、二黑或三煞凶星飞临大门方位之时；应灾的家庭成员，主要是大门所处的八卦方位代表的人丁。如图：

以上介绍的三不遇宅，均为大凶之宅。即使经过调理，也难得人财两全，丁财必有一缺。三不遇宅形、地基、房形均为凶，还有与前宽后窄相类似的带尖角的形状的地基、宅形和房形，都以凶断。前尖易惹官非、口舌和伤人，后尖易招盗贼入室和破财不断；左尖伤男人，右尖则伤女人。

来路

第九章
八卦与别墅风水

住宅建筑的形式，主要有私人小别墅、大厦式集合住宅、公寓式住宅和开放式套房四种不同类型。每一种形式的住宅都有优越的风水条件，均能帮助住户转运，满足住户追求家庭生活完美和提高事业运势的需要。但是，作为现代住宅新颖款式的别墅，与其他几种类型的住宅形式相比，它具有不可攀比的优势。

第一节　别墅与大厦及公寓的区别

一、别墅

居住别墅的人比较大气、有架势，因为别墅左右一般都会有很宽敞、明亮的空间，没有阻隔障碍物，而且空气流通顺畅，采光也好。这种住房比城市或农村的集中住宿区的房子比较优越，一方面没有高楼大厦的挤压，另一方面没有街道巷路的冲射，主人比较容易兴旺发达。

别墅有四种款式：独栋别墅、双拼别墅、联体别墅和重叠别墅。下面分别介绍：

1. 独栋别墅

独栋别墅，是指独门独户、又有独立庭院的住房。并排在一起的独栋别墅，户与户之间都有一定尺度的间隔空间，栋距也较大，采光良好，大多数是高级的住宅款式。

　　建造独栋别墅，要运用好外部庭院。别墅庭院的面积越大越好，但是要与别墅住宅本身的占地面积相协调。前庭主财，后院主丁，若别墅同时设置前庭与后院，就要更加注意二者之间的协调关系，既不能太大，也不可过小。前庭的绿化布置非常重要，适当种植一些生命力旺盛的植物，可创造一个清新的充满活力的环境，对人的身体健康很有好处，同时又能增强主人的财运。

　　内部使用空间绝对不能出现缺角的情况，居住人数也要与内部使用空间面积成正比。若住房面积太大而居住人数很少，就会造成屋克人，日子长久了难免有孤独凋零之感，即使物质生活富裕，事业发展也很顺利，但人的心灵和精神方面容易产生孤独和冷寞的感觉，难于得到快乐；若住房面积太小而居住人数过多，就会形成争夺风水吉气的现象，容易产生压迫感，使人的行为、精神受到不良的影响，产生争强好胜的心理。

　　总之，建造独栋别墅居住，庭院空间一定要大，能担当起风水中外明堂的作用，居住人数与使用面积一定要成正比，这样才能带动家庭的运势，使居住之人越来越旺。以下二图是独栋别墅款式：

独栋别墅

独栋别墅

2. 双拼别墅

双拼别墅，是指两户合住在一起的别墅，其设计也是独门独户的，也有独立的庭院。通常情况下，双拼别墅的庭院和内部空间都要比独栋别墅小一些，可以利用的空间较小，其气势仅亚于独栋别墅。双拼别墅只有一面开放的空间作为采光面，与独栋别墅相比，其采光度要比独栋别墅弱一些，这种别墅只适合人口不多的家庭居住。若经济实力有限、家庭人口不多，且不是长期居住的话，那么建造双拼别墅比较好。下图是双拼别墅款式：

双拼别墅　　　　　　　　　　　　双拼别墅

3. 联体别墅

联体别墅也叫联栋别墅，是指有几户连在一起，形成整体排列的别墅。这种别墅也是独门独户，也有独立庭院，比较聚人气，较独栋别墅好些。下图是联体别墅款式：

联体别墅　　　　　　　　　　　　联体别墅

4. 重叠别墅

重叠别墅,是指上面的住户与下面的住户重叠在一起的别墅形式。重叠别墅可以灵活地建于不同的地形上面,既可以建在平地上,也可以建在山坡上。但重叠别墅比较单纯,对上叠住户和下叠住户的阴泽不均衡,主要是因为上叠户和下叠户都是独门独户,由不同的大门出入住宅的,比如说甲户住在一二楼,乙户住在三四楼。虽然同住于一栋别墅里,但是只有一二楼的下叠户拥有庭院。在这种别墅里居住,应选择一二楼下叠户为佳,因为有庭院就等于拥有外明堂,对住户主人的家庭生活、事业和社会人际关系很有助力。建在山坡地上的重叠别墅,因为地势较高,上叠住户不仅采光较好,视野也比较开宽,而下叠住户虽然拥有庭院的优势,但因地势较低,采光只有一面,另一面是背贴山坡,还会受到地形压制。相对而言,若居住建在山坡上的重叠别墅,应该选择上叠户较佳。下图是重叠别墅款式:

重叠别墅

重叠别墅

二、大厦式集合住宅和公寓式住宅

在其他住房类型中,比较有代表性的大厦式集合住宅、公寓式住宅等几种形式。

1. 大厦式集合住宅

大厦式集合住宅,通常是指社区里带电梯的大厦集合型住宅。这种类型住宅相邻的户数较多,容易形成一股联结气带,

大厦式集合住宅　　　　　　　　　　公寓式住宅

在住户之间造成不良影响。从外观上看，虽然可以依赖整体建筑物的架势显耀自己，但远远不如独栋别墅的独立气势和舒畅的好环境。

　　大厦的庭院是共有的，相当于所有住户的外明堂。大厦的庭院，是代表整体大厦的事业运势及对外人际关系的发展，对于大厦中各家各户来说，其气势就相当微弱，不像别墅庭院那样优越。

　　大厦式集合型住宅的采光设计，主要是依据大厦的坐向方位来考虑的，而大厦中的每一户的坐向和所处的位置不同，因此每一户的采光方向和光线强度也不同，很难完全满足各个住户对采光条件的要求。

2. 公寓式住宅

　　公寓式住宅，是来源于船舶上船员遮风避雨的临时使用住所形式，经过后来的演变，才发展成为当代大城市里的高层公寓式住宅。公寓式住宅楼内，每一层都有若干套房子，每套房子都设置客厅、卧室、餐厅、书房、厨房、卫生间等几个部分。在大城市里，主要是政府部门供给有中等收入的高级职员和政府公务员居住的，还有一些是附设于宾馆和酒店内，提供给一些常来常往的中外客商及其家眷短期租用。

　　现在，社会上很多有钱人也自己盖起了公寓式住宅楼。这主要是因为相对于独院独户的独栋别墅来说，公寓式住宅较为经济实用，也是受到人们欢迎的一面。但公寓式住宅没有共同的庭院，没有庭院也自然等于没有明堂，这与带有庭院的别墅住宅相比之下，其优越条件就逊色得多了。

第二节　别墅的周边环境

阳宅风水与人的生存、生活存在着直接的关系，其作用力不仅对人的家庭生活、工作、事业有着深远的影响，还对人的身体健康、人口的兴衰产生很大的影响。

纵观阳宅建造的历史，自古代开始，人们就对阳宅的建造十分重视。特别是那些有钱有势的达官贵人，在山间野地里的秀山之处，或到平洋地区的江河汇聚之处，寻找一块山水汇聚的风水宝地落基建宅，吸大地山川之灵气，怡养身体以安度天年。在当代社会，由于党和政府的正确领导，及时地把工作的重心转移到经济建设中来，全国人民的物质生活日益提高。现在，有不少人发家至富后，他们到偏僻的山地里，或到平川之地山水大汇聚的地方，高价购买环境优雅、山水宜人的风水宝地建造别墅居住。这与古人到山地或平洋山水汇聚的地方建造住宅的想法是一样的，居住于地灵人杰的风水宝地，一方面希望能维持目前富贵荣华的社会地位和生活状况，另一方面希望对子孙后代的人丁兴旺、生活富裕，能起到增吉作用。

别墅是当代住宅中的新颖款式，最适宜建在山青水秀、山环水抱的地方，因为山青水秀、山环水抱是阴阳风水宏观的地理条件，其间的气、光、山、水等最重要的自然因素齐备。这里所说的气，是指环境气场好，气流通畅，藏风聚气，对人口的兴盛起着主导作用；光是指光明、采光和向阳的综合因素，有利于人畜兴旺；山为龙脉，为骨肉，为靠山，为护卫；水为河川，为血液。

房子有山为靠，则内气安稳，人丁兴旺；有水流动，则生气盎然，财源通达四面八方。住宅得优美且合局之山水,则主人必定文武双全,荣华富贵。

下面,分别介绍有利于建造别墅的地理位置、地势、地形与山水状况。

一、别墅地理位置

1. 吉利的地理位置

从大体上来说,建造别墅吉利的地理位置有两大类型:一是有山有水的山坡地;二是有水环绕的平洋地带。这两种类型的地理位置,能让人把自身与大自然和谐地统一于一体;通过采用自我完善的手段,运用改造和美化的方法,营造出有利于身体健康和事业发展的居住环境。

2. 不吉利的地理位置

(1)在山端与平地相交接的崖下,不宜建造别墅。因为在这种地方,有山谷溪流出口,河流通过会使土质疏松,隐藏着山崩或溪水泛滥成灾的危险。

(2)在两座山围成的扇状地面上,不宜建造别墅。因这种地方有急流常年累月经过,河水会携带泥沙慢慢沉淀,尤其是河川出口处会堆积大量泥沙,对人构成很大的威胁。

(3)在曾经发生过洪水或山体崩坍的地方,不宜建造别墅。

(4)在滨海地区,从自然环境方面而言,其优美的景观不仅有利于人的身体健康,而且还能够陶冶人的精神情操。但是,海潮涨落非常明显的地方,会使住宅磁场失去平衡,对人容易造成安全稳患,不宜在这种地方建造别墅。

(5)在下坡斜度不平坦地段,不宜建造别墅。下坡地段的气流会往最低的地方流去,磁场不稳,如果在这种地方建造别墅,那么会因房子磁场波动太大,将对人的身体健康和家庭综合运势都会带来不利的影响。

（6）在四周山峰高耸入云或
山石林立的地方，不宜建造别墅。
房子四周高耸，会使人产生压迫
感，精神压力大；空气流通不畅顺，
丁财俱无，事业失败，是名符其
实的风水绝地。

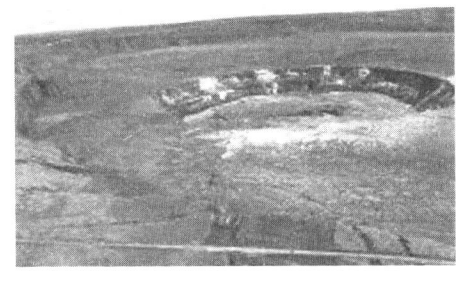

（7）在火山口附近的地方，不宜建造别墅。凡是发生火山喷发
的地方，其地气不利于人的身体健康。下图为火山口：

（8）在发生过战役（战场）的地方，不宜建造别墅。因为这种
地方阴气旺盛，鬼怪妖魔成群结队，对人的精神会造成极为不利的
影响，如易做恶梦、游魂飞天、易惊怕、神经错乱等等。

（9）在做过行刑场的地方，不宜建造别墅。因为刑场阴气旺盛，
对人的精神会带来不利影响。

（10）在坟场附近，不宜建造别墅。易做恶梦，使人的精神不振，身体易生怪病。

（11）在隧道附近不宜建造别墅。凡是被隧道钻过的山地，其龙脉都受到损伤，特别是对人丁不利。在这种地方居住的人，容易变得工作消极，小孩不喜欢读书，身体也容易患绝症。

二、地势与地形

1. 地势

关于建造别墅的地势，首先要选择地势平坦的地方。因为地势平坦的地方，气场较为平稳，能使人的心态保持平衡，不会使人产生安全上的顾虑。特别强调，绝对不宜把别墅的庭院大门安在斜坡上。这是针对建造别墅的基地而言的。

对于别墅周围外部环境的地势另有说法。从地势高低分布，可以看出其中的利与弊，若选择别墅的基地，则可以抛开不利因素，选定一个适当的位置，作为将要建造别墅的中心点；若要判断一栋别墅的周围地势的吉凶，就应当找出别墅的中心点，然后在中心点处运用罗盘定位，依据八卦原理进行参断。

吉利的地势为：西边高而东边低；前面低，后面高；北边高，南面低；西北方要高，而东南边要低。别墅的西边一定要高，不能有大路、不能有河流或池塘，这样西边的磁场就会保持永久的平稳状态，有利于人长期居住；相反地，如果别墅的西边有大路、有河流或池塘，那么西方的风水磁场受到破坏，不利于人长久居住。西边有大路、有水，对主人造成的不利影响，主要表现为不聚气，不聚财，事业不顺，运气受阻滞，夫妻关系不协调等。最大的问题是，房子不聚气，居住在里面的人就容易生病，特别是呼吸器官、肺部和肝脏容易出现病变。东边要低、有河流或水池最为理想，可以旺事业、聚财气，可使家庭和谐，有利于人的身体健康。东方与西方风水信息的合理搭配为：西水东流为顺流水，东水西流为倒流水。水不仅代表财，也代表人体身上的血液。若别墅外围西边有河流或池塘，就形成了东水西流的倒流水，特别是遇到下雨天，别墅周围的水全部往西边流去，这种现象意味着居住在房子里的人血液倒流，很容易患上高血压和心脏病。

北方为重阴之地，南方阳气旺盛。南北两个方位风水信息的合理搭配是：北方高大厚实而南方低洼有水，这样地势是非常吉利的。因为水为阴，砂为阳，北方阴重而得阳砂，南方阳亢而得阴水，阴阳调和，可使磁场保持永久平稳状态。路也是水，属于虚水，坐北向南的别墅北边不宜有大路通过，南边有大道为大吉之象。有一种特殊情况，若别墅为坐南向北，建于一块平地上，那么南边坐山有水或有大路通过大凶，而北边小水或大路则以吉论，但北边有大水也是不宜的。

不论别墅朝向什么方位，前低后高的地势都是吉利的，但要注意分析山水的分布情况。若别墅坐东向西，东边高而西边低，那么周围的水或屋内的排污水都往西边流，这与大自然西高东低、水往东流的规律是背道而驰的。一般地说，坐东向西的朝向，是八大朝向中最不吉利的朝向，因为几千年来的地理环境观念，只有西水东流、北水南下的顺流水才是吉祥的；而东水西流、南水北上为反宫水，属于地理环境中的弊病。别墅周围出现反宫水，等于主人的血液倒流，若人长久居住于此，则身体一定会生病。

西北方为天门，东南方为地户。天门宜开，地户宜闭。天门开，就是说水要从西北流来；地户闭，就是说水要往东南方流去。这里所说的，就是指西北方高大厚实，而东南方低洼聚水，才是大吉大利的地理形局。

根据前低后高、西高东低、北高南低和西北高东南低的大自然有利地势的法则，别墅的最佳朝向为坐西向东、坐北向南、坐西北向东南，其次是坐南向北的朝向。提醒读者注意，北低南高的地势，不宜建造坐南向北的别墅，否则周围的水和屋内排污水就会往北方流住，导致北方磁场受到破坏，对人的身体健康造成不利的影响；在平坦的地面上，建造坐南朝北的别墅可以获得大吉，但在北边向口不宜设置大水池，若有路或有小水，则是最好的局势。

2. 地形

住宅风水学讲究"天圆地方"。无论住宅的外院，还是内部的厅房，都要求以方正形状为准则，因为只有方正的形状，才能使房屋达到"四平八稳，不偏不倚"的效果。建造别墅的地形方正，八卦不缺失，阴阳平衡，五行调和，内部气场顺畅，有利于人长期居住。

在建筑别墅前，一定要慎重考察地形的形状。当然从严格意义上来说，方方正正的地形是很少的，但是只要选择的地形不存在严重缺角情况，就可以减轻对居住者带来不利影响。地形不够方正，存在比较轻微的缺陷，可以按照五行生克的原理进行相应处理，改善环境，避免给住户带来太大的损失。

三尖地最凶，绝对不可在这种地形上建造别墅。三尖地就是指呈现三角形的地块，或地面上有三条道路交叉包围而形成三角形的地块。不管是自然形成的三尖地，还是三面被道路包围而形成的三角地形，都极容易危害居民的身体健康，居住者癌症发病率明显偏高。此外，在三面被道路包围而形成的三尖地上建别墅，由于道路多，交通繁忙，附近噪音大，空气受到污染，居住者还容易患严重的精神病或患意外伤灾。

前高后低的地形，不利建造别墅。前高后低的主要弊病，是前方高耸会使主人视野受阻，背后悬空会让人产生恐惧感，更严重的是会造成人生运气阻滞、生活局促，小人当道、事业不顺，诸事皆以碰壁而告终。同时，后低使福禄寿三星受损无气，后代子孙不中用，事业前途没有贵人扶助，主人寿命短促。

前宽后窄与前窄后宽的地形，都有一个共同点，即它们的形状似棺材，容易招来阴气，对人的身体健康会带来不利的影响。在前宽后窄的地形上建造别墅，不仅不利于钱财聚集，也不利丁口成长；在前窄后宽的地形上建造别墅，虽有利于聚集财富，可成为暴发户，但不利人丁，日子久后男丁稀少且智商低下。

三、山与水的分布

从八卦而论，别墅与普通住宅一样，其外部周围可分割为八大块，对应八个自然大方位。山与水的分布在不同的方位上，对居住者带来的吉凶信息是不相同的。别墅周围不同方位的山水分布有以下几种情况：

1. 门前有水而坐后有山

一般地说，别墅的前面有水（小河流最好），后边有山坡（低矮的山丘为佳），是最为理想的居家环境。因为前面有弯弯小河，曲而有情，或九曲来朝，或玉带环腰，这是大自然赋予人间吉利的信息。若前面再有宽广明堂，那么居住这里的主人必定视野开阔，且官禄丁财齐备；后面有山坡（低丘）可做靠山，稳若泰山，藏风聚气，主人必健康长寿、福泽绵长。

门前有天然池塘或小河流，或有人工营造的蓄水池、喷泉，风水上均称为堂前聚水。明堂前有水，家宅聚财，主人有福气。若演绎到人的心理认识上，那么明堂聚水就成了福气的象征了。

在当代社会里，虽然城市的住宅无法得到大自然赋予的天然之水，但完全可以通过人工营造的方法进行补救。例如位于北京市长安街北侧的东方广场前，建了一个巨大的喷水池，意在遵循着传统的风水理念，运用人工建造水池的方式，强化这个作为商务活动场所的财运气场，希望吉祥如意、财源广进。大城市里可以通过人工造水来达到旺财催福的效果，同样道理，建在山地里或平洋地带的别墅，应根据地势和地形的天然状况，针对门前无水的缺陷，可以通过人工设计营造水池或喷泉，以达到招财、纳福和化煞的神奇效果。

2. 活水与死水

门前水有活水和死水两种，两种不同的水对住宅的影响存在着明显的差异。在水法的运用上，我们应该从水的流动、停蓄形态和清净、污浊状态加以区别，分清活水与死水的界限，为人家营造吉祥、美好的居住环境。

活水：

活水是指以缓慢的速度流动或清净停蓄之水。活水具有很强的催发生命的能量，能给人的生活环境注入生生不息的活力。生活环境中有活水存在，从在风水学理念上来说，可以引财入宅。若地势平坦、地形方正无缺，住宅前面又有平缓的水流通过，或住宅前面有清净的水池、游泳池、湖泊等水态，那么都会使人感到心境开阔、平和。有利于宅主一家人的身体健康和事业平稳发展。

大江大河水势急促，虽然是流动的水，但是其流速过快，会使人的心境浮躁、心态不稳，并且会使人的事业非大成即大败。这种水，不能列入活水来利用。

波涛汹涌、风高浪急的大海，欠缺祥和之气，也不能列入活水来利用。若在贴近大海的地方建造别墅居住，每天身处于大风凛冽之地，惊涛拍岸的声音不仅会对人的心理造成影响，使人的情绪不稳、精神紧张，久而久之，还会导致家庭财源不稳。事实上，住宅过于贴近大海，会受到海水涨落潮、海浪声音和海上强风的侵害，房子缺乏宁静感和安全感，宅运反复，不会长久，财气难聚。

死水：

死水是指停蓄于池塘中，而且浑浊、污染、发臭的稳水。死水缺乏生命能量，若宅前有死水停蓄，则会降低人的生活环境质量，不利于人的身体健康和事业发展，还会给人带来烦躁、纳闷的心情。

四、建造别墅的吉利环境

风水宝地都是根据自然大气候和小气候选定的，有较高的物质环境质量和天然景观质量，这是古人在长期生活中总结出来的经验和智慧的结晶。人与自然之间存在着一种神秘联系，自然界里发生的各种大变化，都会影响着人们的生活，人的命运和大地的自然气息是相连的。人居住在丰美富饶的土地上，其生活就会繁荣兴旺；居住于贫瘠或生态环境被破坏的土地上，其生活就会贫苦而且多灾多难。住宅建在河流的北岸或山坡的南面，可以采纳较多的阳光，又能防御来自北方寒风的侵袭及避免洪水的侵害，有利于开渠引水灌溉庄稼作物。如果再有左右二边的山丘围护，这是不可多得的理想的居住环境了。居住于此种环境里，主人可以借助超自然的神秘力量从意念和心理上获得很多的补偿。

中国的地势特点是西高东低，境内主要河流有长江、黄河、珠江、黑龙江等，这些河流的流向都是由西北向东南蜿转而下的，最终汇入大海。古人认为，西北方地势高亢为"天门"，东南方地势低下为"地户"。水来自西北，流出东南为佳，即以"天门地户"作为来去水口关锁。这种思想甚至影响皇宫的规划，如北京故宫紫禁城的金水河，是从禁城西北角的护城河引水南下，经西路的武英殿向东流去，呈现冠带状流经"太和门"前，最后经"文华殿"的后边弯曲流往东南方出口，这与故宫主体建筑后面的景山呈回抱之势。

风水宝地的最佳模式是背山面水、左右围护的环境格局。特别是坐北朝南的建筑物，基址的背后北面有靠山（来龙）或连绵的山峰环绕作为屏障，左右（东西二方）有低岭岗阜形成青龙、白虎环抱围护；前方（南方）有池塘或河流蜿转经过，水前面又有远山近丘做朝案呼应；宅基选址恰好处于这个山水环抱形局的中央，内有千顷良田，山林葱郁，河水清明。组成这个优良格局的有太祖山、少祖山、父母山、龙脉、龙穴、明堂、流水、青龙山、白虎山、水口砂、案山、朝山等。

吉祥的的地理形局是：山川秀丽，群峰竞妍，雄伟壮观。东边是清澈的小河蜿蜒流淌，小河的对面有耸立的山脉犹似飞龙，秀丽如日月；西边有如凤鸟起舞的山脉，山形好似鸡冠；南边有好似天马奔驰而来的天马山；北边有高岗与西边的山脉相连。整个形局的三面有山脉环抱，一面有水环绕，聚天地之灵气。西南边有如鹤立形状的山脉和石镜辉映，形如一条龙舟傍水待发、奔赴江海之象。坐北朝南的住宅，东方震宫为青龙位，有青龙山伴弯曲细水环绕，龙主官贵、名气和文章。山龙得水泽，水龙借山威，山阳水阴为阴阳搭配协调，故震龙得势，百兽伏藏，必出官贵、科甲登榜和名声远播之象。西方兑宫为白虎位，有婀娜多姿的山脉如百鸟朝凤之象，山下有弯路，车辆川流不息，动静相间能带动兑宫气场，必出文武贵人、文人秀士或贤人隐士。震宫的龙山与兑宫的凤山相望为阴阳相应，龙吟凤鸣，必定斌相佐，封侯拜相跃门庭。北方和西北方，有连绵起伏的圆顶丘陵形成了阻挡寒冷北风和西北风侵入的天然屏障。坎宫北方主人的腰肾，又主智慧，而西北方主人的头脑、骨骼，又代表贵人和事业。在这种地方居住，人的身体健康，勤奋好学，人才辈出，宗族必定兴旺。南方为向前，远眺有气宇轩昂的天马山犹如天马腾空飞跃之象，栩栩如生，此为案山（相当于办公桌）。离卦主文印，人的头脑机敏，且天马山象征仕途似锦。

别墅堂前有玉带环抱形状的流水，可以使生气聚在房子前面，这是风水上最为理想的聚气模式。路气的作用与水流是一样的，只不过是能量的强弱不同罢了。若别墅后面有单座的山头，左右两边均有护砂，象一个人的双臂，前面又有玉带状环抱住宅的小河流或路，别墅就座落在这个模式的中心位置，此为大吉大利的格局。因为别墅建在这个模式的中心点，就是处于生气凝结的穴位上，这个穴位就像女子的子宫一样，属于生命诞生的神圣之地，是生机的源泉。别墅建在小河流环抱的地方，或建在道路弯环内抱的地方，称为"玉带揽腰"的格局，是颇为吉利的，能使宅主心理上有稳定感和安全感，有利于增强生活的信心，适宜长久居住。

在山前建宅有利于取"前低后高，负阴抱阳"的格局。别墅靠山而建，宅后重峦叠嶂，形成一道天然屏障，一方面能使住宅藏风聚气，另一方面能给予宅主平安感。住宅后面的地势高于前面的地势，感觉上有了靠山，同时采光通风适宜，既可以瞻望风景，又能给人充满安全感，增强生活的自信心，满足居住者追求丁财的心理需求。靠山建造别墅，有一点需要注意：靠山的坡度宜缓，忌坡度陡，否则会造成主人心理不安。尤其是别墅的西边和西北边有弧度不大的圆形山最佳，圆形的小山丘为"金星山"，山形厚实、生气旺盛，最利于藏风聚气。

五、不利建造别墅的地方

1. 悬崖边上不宜建造别墅

自古以来，悬崖边上险象环生，不利建房居住，主要原因是悬崖边上没有来龙去脉，不具备风水上藏风聚气的自然条件，无论房屋坐向立任何线度，在什么元运建造，都不能满足宅主追求丁财两旺的要求。悬崖边处于地理上的地质断裂层面的地方，最容易因山体发生滑坡、坍塌等地质灾害，给宅主一家带来生命威胁。还有一个方面，家中有小孩的家庭，更不宜在悬崖边上建房居住，否则会因小孩失足坠崖给家庭带来不勘的痛苦。

2. 半山坡（半山腰）上不宜建筑别墅

过去常听人们说："半山豪宅"，只有千万富翁才能住得起。其实，在半山坡上建造豪宅十分不妙，高处不胜寒，三面空旷，地势坡度陡峭，不聚气，建房于此居住，不但缺乏安全感，而且丁财两败。另外，这种地方偏僻，且人烟稀少，人居住其间必定感到孤独。

特别是逢天崩地裂（地震）时，主人无路可逃，必定遭受天灾人祸的厄运。如四川汶川大地震，就是因人居住的房子离山太近，因山体滑坡，所以造成前所未有的大灾难。

3. 盆地格局的地形不宜建造别墅

如果建造别墅的基地比四周地势低，四周高而中间低的盆状地形，不利通风、采光和排水，再者盆状地形往往积聚密度较的大浑浊气体，会损害人的身体健康。

4. 别墅不宜背靠恶山而建

在风水学中，把山形峥嵘、山石嶙峋的山称为恶山，也叫做穷山，传统的说法叫做"廉贞山"。这种山形，一望可知其生态环境恶劣，其间好像杀气腾腾的怪兽，植物稀疏，令人感觉荒凉、恐怖。这种山没有生旺之气，不能滋养和温润生命的生长。"青山秀水出才子，穷山恶水出刁民"，在这种穷山恶水之地建造别墅居住，象征着家庭、事业的衰败和生命的枯竭。

第三节　别墅周围栽树趋吉避凶法

1. 门前

人有人相，物有物相，树也有树相。自古以来，人们就有在别墅周围附近种植树木的习惯，甚至特别喜欢在自家的门前栽种一些具有象征意义的树木，如东门种石榴可旺子孙，南门栽柑桔，名声香五里等等。其实，树木生长在别墅旁边，会对人的运势产生无形的牵连，因为对于一般家宅来说，树与宅的关系就像衣服与人体的关系，树木为衣服是借以蔽护住宅生机的。树木茂盛，则宅气兴旺，树木枯萎，则宅气衰败，家庭的运气和人的所作所为，都会受到宅旁树木的影响。究其原因，这不仅跟树木生长的形态和树相有关，还与树木的品种有关联。

这里主要讲一讲，住宅门前栽树的有利品种及其象征的意义。

门前种植核桃树，可以强壮人的筋骨，有利于主人的身体健康。这主要是核桃树本身带有良好的气场，可以扭转门前的风水磁场，达到增吉的效果。

门前种栗子树，能增旺家人的财运，象征家庭的财运日渐好转，将来可以发大财。因为栗子树结的果子是金黄色的，象黄金一样，大家都能晓得黄金本身就是财，这是早已在人们心理上形成的观念，而五行色彩中，黄色是代表财气的。若在门前种植栗子树，那么栗子树给主人带来的必定是财的信息，因此门前种栗子树有利于发财。门前栽冬青树，可以防官场之灾，避免口舌、官司，具有压煞气、提升官运的功效，对当官的有利。

门前种槐树，有利于下代子孙升官发财。门前栽竹子，可提高人的思维判断能力，可以旺文昌。

住宅门旁栽树，要注意考虑叶子形状和树的高低。一般来说门前以种植圆叶树木为主，门后以种植长叶树木为主，门左边宜种高大树木，门右宜种低矮的树木。生长得高壮整齐的树木有利于住宅风水，生长得弯曲畸形的树木不利于风水，这就是从树相上判断树木的吉凶。

2. 屋后

屋后栽树跟门前是有区别的，门前的树木形态吉祥、品种优良，可旺财气，增官运；屋后的树木形态吉祥、品种优良，不仅可以招财、旺官，还能旺人丁。

屋后栽竹子，可以旺文采、增官运，还能旺财气。无论房子取什么朝向，门前屋后以及周围其他方位都可以种竹子。

屋后栽种香檀树，可增强官运，旺丁气，纳瑞祥之气。

屋后栽种龙须树，可以旺财官运，还能旺人丁，还能长寿。树上垂吊的龙须越多，财禄就越丰盛，人丁也就越旺。

3. 东方

房子的东边栽种石榴树，多子多孙；东边栽竹子，可旺文采，招贵人。

房子的东边栽种柳树，旺子旺孙。柳树不宜栽在房前或房后，要栽在房子的左边，特别是坐北向南的房子，左边（东方）栽柳右边（西方）栽杨，家中人口兴旺，子子孙孙排成行。

4. 西方

西边栽种棕榈树和桂花树，大吉。西边栽花草，大吉。

5. 南方

南方种樱桃，红运当头。

南边多种花果树大吉。

6. 北方

房子北边低洼，如果是坐北向南的朝向，那么在北边（房后）栽大榕树、香檀树，可以提升阳气，弥补北边低洼的不足。

北边种竹子，可旺文采。

北边栽种枣树，家中早生贵子。

北边种大树最好，树干矮小作用不大。

7. 东南方

东南方栽种竹子,可旺文昌,提高子女的读书运,旺文采,旺官贵。东南方栽竹子可获得最大的吉度，比任何方位种竹子都要好。

8. 西北方

西北方可栽枣树、香樟树和龙须树。

9. 西南方

西南方宜种花草。

西南方栽桃树，家中女人长寿。

10. 东北方

东北方宜苹果树。

11. 综合栽种的方法

四正方：东边种石榴树，西边栽花草，南边栽花果树，北边种高大树木,若是坐北朝南的房子,则大吉大利,其他朝向的房子也能获吉。

四隅方：东南方种竹子，西南方种桃树，西北方栽枣树，东北方宜栽苹果树。此局若用于坐西北朝东南的房子，则可获得大吉，其他朝向也能获吉。

第四节　别墅内外五行布置与调理

别墅的内外五行对人的事业、身体、婚姻、财官运与子女的成长都能产生影响。别墅住宅对人产生有利或不利的影响，主要是通过外五行与内五行的吉凶信息反映出来的。别墅的外五行是指别墅住宅外部环境中的金、水、木、火、土五种事物的分布方位与喜忌情况。别墅的内五行是指别墅内部的五行，具体指内部的金、水、木、火、土五类事物的分布和搭配宜忌，如家中的客厅属金、卧室和书房属木、厨房属火、卫生间属水；又如物体形状以方形属土、圆形属金、波浪形属水、长条形属木、尖状形属火；八大方位也各具五行，东方和东南方属木、南方属火、西南方和东北方属土、西方和西北方属金、北方属水。

一、别墅外五行

（一）、别墅大门风水

大门是建筑物的纳气之口，别墅大门是整体建筑中最为重要的部位。别墅的大门能否纳入生旺的丁财之气，关键取决于大门的门位与门向。

1. 大门位置要符合灵山诀

传统风水学中的四灵兽青龙、朱雀、白虎、玄武论门位，一般的房屋开门方位分为四类：一开南门（朱雀门）；二开左门（青龙门）；三开右门（白虎门）；四开后门（玄武门）。

风水学上，以门的前方为朱雀方，为明堂，如果别墅的前方有宽阔的平地、水池等等，开中门最吉；左方为青龙位，青龙为吉位，如果别墅的前左边有平地、或平静的池塘或弯环的小河流，那么开左方门为吉门；右方属白虎方位，以白虎为凶位，自古以来，风水师均反对在右方开门，故别墅不宜在右方开门。

至于门开何方才算吉论，应该配合山水与路的形势断定。

（1）开朱雀门的条件：

别墅前方有一水池或平地，即是有了合格的"明堂"，大门应该开在庭院前方的中间位置。

（2）开青龙门的条件：

别墅前方有弯曲环抱的水路、或右方来路（或来水）长，左方去路（或去水）短，大门宜开左方收纳地气，此称为"以青龙门收气法"。如果前方有平地，且平地聚气处偏于左边，那么宜开左方青龙门收纳旺气。

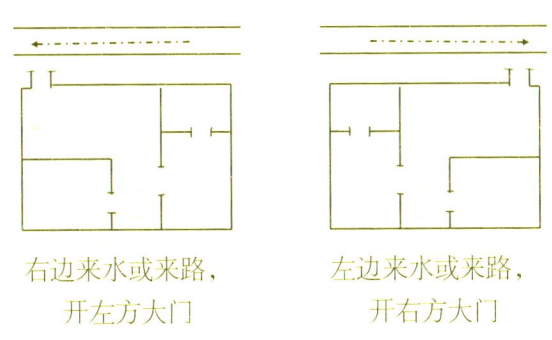

右边来水或来路，
开左方大门

左边来水或来路，
开右方大门

（3）开白虎门的条件：

别墅前方有水路或左方来路（或来水）长，右方去路（或去水）短，宜开右方门收藏地气，此称为"以白虎门收气法"。

别墅大门的方位，应根据前方的路或水形势决定的，若右长左短则开左门，若左长右短则应开右门。这是符合现代物理学知识中气的渗透与压力作用原理的，强的多的气流必向着气流弱的少的地方渗透。地之灵气亦是这样，地气从高的多的地方向着低的少的地方走去，龙脉之气也是如此。大门是以收聚地气者为吉，以送走地气才为凶。

运用四灵兽代表的方位选择别墅大门的位置，配合八卦方位，再套入九星，就可以准确地判断别墅风水的吉凶了。例如，坤山艮向别墅门外有路，右长左短，应以左方开门为吉，左方为北方，在北方开门为青龙门收气。但住宅是在右方开门，恰巧右方之门落在宅的东方震卦位上，为震门，震代表长子，故此宅开右门，长子的财运特别差。解决门位风水缺陷的方法是改变门的方位，在门内近处设置玄关或屏风挡住原门，使磁场（气流）线路，由北方坎卦引进屋内；或堵塞原门，改在北方坎卦位置开门。二种方法都能将东门改为北门，以北门收气，北门属坎卦，坎代表二子，必定会旺二房人丁，但也能使全家人的综合运势趋于好转。

风水勘察和调理实践证实了：凡是风水好的住宅，对整家人都有利，而风水好的住宅，大都与门位、门向的协调是分不开的。

这里顺便介绍写字楼、商铺的收水旺财局。在阳宅风水中，门的主要作用是纳气和收水的，故门位是判断住宅风水吉凶的主要依据。

门外的道路、走廊都可以作为水论，风水上称为虚水。如果门开在来水或接水方（也叫迎水方），那么商铺生意兴隆，写字楼财源广进，住宅财运亨通。

观看河流溪涧，可见到水的流动，自然清楚哪一方为来水，哪一方为去水，但是要判断道路及走廊哪一方是来水，哪一方是去水，还必须花一番功夫。

左来右接：即左方水来，商铺、住宅宜开右方门，这是以白虎门收青龙水。

右来左接：即右方水来，商铺、住宅宜开左方门，这是以青龙门收白虎水。

住宅楼房来去水的判断。天桥、道路的来去水与楼宇内部各单元走廊的来去水是有些分别的，楼宇内各宅走廊的来去水的判定方法为：左方走廊长则为来水，右方走廊短则为去水，宜在右边开门接纳。（见下图）

右方走廊长则为来水，左方走廊短则为去水，宜在左边开门接纳。（见下图）

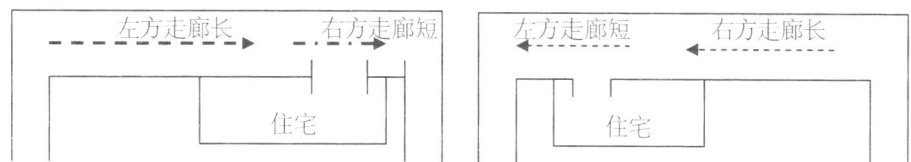

住宅门不对升降电梯口，可把升降电梯口视为水口。现代楼宇，几乎都设有升降电梯，每个单元住宅都以升降电梯作为主要的出入路线，这方位属于来水。因为家人回家时，升降机可以把外面的气流带到家中，而家人出去时，由于升降机的机道门完成关闭动作后，电梯才开始下降，不会把走廊里的气流带走。

住宅门正对着升降机口为大凶之象，会对家人的身体健康和家庭财运造成不良的影响。当打开住宅的大门时，看见升降机门的开合，好像老虎张开大口要噬一般，这就犯了开口煞，会对家人的身体健康造成不利的影响；另一方面，住宅门对着升降机口，被视为对着水口，此为财来财去之局。因为家门与升降机口距离很近，当人进入电梯箱里时，家宅里的气流也会随人进入里面，最后被带到外面去，水的来去都在这里。化解方法是：在门楣上挂二套五帝古钱，再在门内用玄关化解。如下图：

若升降机在右方，则来水在右方，去水在左方，此为右水倒左局，宜开左方青龙门来接水。如下图：

若升降机在左方，则来水在左方，去水在右方，此为左水倒右局，宜开右方白虎门来接纳。如下图：

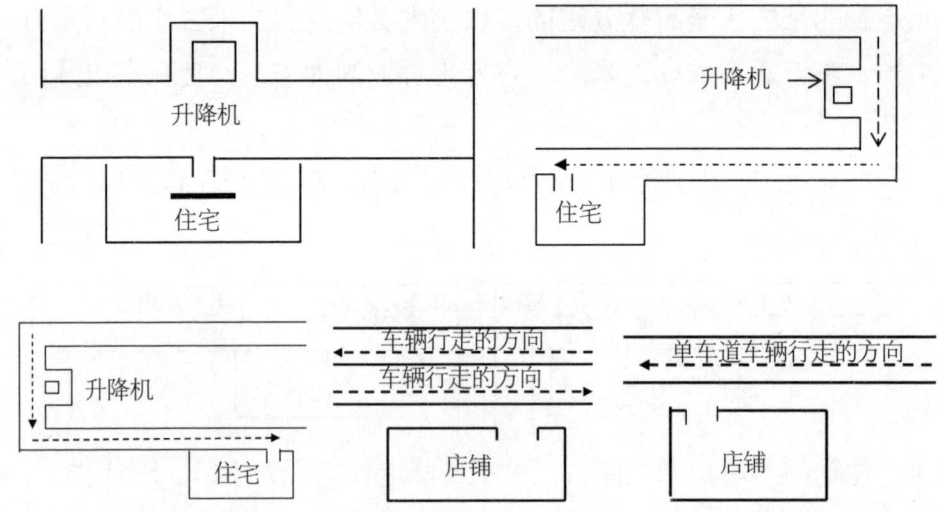

商店铺面来去水的判断。商店铺门前的路（称为虚水），以门为基准，分左右二方，长的一方为来水，短的一方为去水。但当商铺对着大马路时，则不能用以上的方法来衡量来去水，要配合行车线的方向判定。

如果接近商店门前有行车大马路，车辆是由商店左方往右方行驶去，来水便是左方，去水便是右方，这店铺宜在右方开门，以开白虎门来收青龙水。此为左水倒右局。

如果商店门前的行车线是单车道，车辆是由商店右方往左方驶去，来水便在右方，去水便是左方，这店铺宜开左方门，以开青龙门收白虎水。此为右水倒左局。

除了从行车线的车辆行驶方向来判断来去水外，还有一些道路的来去水是不能用行车线的车辆行驶方向来判断的，这种来去水的方向是根据地势高低来判断。

2. 别墅开门与改门招吉秘诀

开门秘诀:若气聚于住宅前面，则开向前中门接纳（开朱雀门）;若气从住宅右方来,则开左门（开青龙门）收藏;若气从住宅左方来,则开右门（开白虎门）收纳。

改变门位的方法：一、在门内近处设置玄关或屏风，令门的收气方位改变，扭转磁场的流转方向；运用八卦选择吉日开门，并将原门堵塞。

3. 大门的方向

房屋风水的吉凶好坏，对于主人的生活、事业有着非常密切的关系，研究别墅风水学推算与判断其风水的吉凶，原则上是运用峦头、理气、磁场等方面来演绎的。当我们给一栋别墅

看风水时，应该注意的要领是：定屋向、看屋内格局配置、看屋外周围环境。推定房屋坐向是以大门方向为依据的，推断室内格局配置和屋外周围附近的地形、山川、沟渠等情况，均是离不开房屋大门的坐标。大门是磁场流转的关键点，它对推算与判断别墅风水的吉凶性质起着非常重要的作用，因此盖别墅时，除了对门位的合理选择外，还要注意选择大门的方向。

别墅要开四吉门。四吉门，即指西北门、东北门、北门和东南门。

别墅开四吉门的好处是：

（1）门朝西北方，可招来贵人扶助，有利于官贵和权势，有利于事业的成功和发展。

西北门带有贵气，也能生财，是个富贵门，仕途正在走旺的男同志建造别墅，最好开西北门。

（2）门朝东北方，有利于求财，特别是做生意的商人或在公司里给人家打工的人士最好走东北门。东北方位好求财，门朝东北必

大富，这不是一句空话，因为东北方位是第一大财星八白星所在地，门朝大财神方位，大财神不仅会给人带来财气，还会给人带来平安。

（3）门朝北方，可使人的头脑清醒、聪明，小孩读书进步。因为北方是北斗七星所在地，北斗七星可以消灾避祸，能使人的身体健康；北斗七星的星首是文曲星，文曲星是管学业的。因此，门朝北方，不仅宅主的头脑聪明、思维敏捷，而且小孩伶俐、学习进步。

（4）门朝东南方，出入文昌地，人的头脑聪明，小孩喜爱读书，可招贵人扶助，事业发展顺利，夫妻关系和谐。平时人们说的紫气东来，其实是指东南方温暖、祥和的气象。因为中国地处北半球，在多半时间里，太阳是从东南方升起，这里的阳气最旺，蕴藏着生机的气息。

4. 大门前的忌讳

大门不能对屋外其他房屋的屋角，否则会使门前气场中的气流失去平衡，产生煞气对居宅主人的心理和身体健康均造成严重的影响。若别墅大门对着别人家宅的屋角，最好的调整方法是将大门略为移动位置。

大门不能正对着前面的电线杆或交通信息灯杆，否则会影响主人的大脑神经和心脏。

大门不能对着前方近处的巨石，因为巨石会带来阴气，影响居宅主人的身体健康，同时也会给主人带来官司口舌或车祸之灾。

大门不能对着有藤缠的大树，也不可正对着大树或枯树，否则会加重阴气，不仅会阻挡阳气进入屋内，还会严重地影响人的身体健康和财运。在雷雨天气时，易招致雷电击打之灾。大门外两旁可以种枝叶茂盛的树木，但所种的树不可枯黄，也不可有蜂巢、蚁窝等，否则对事业发展不利。

大门不能对着直冲而来的大路，否则会退财。从气场的角度来说，大门受大路气场直冲，容易使屋里的人身体衰弱、精神恍惚，也易招致车祸和撞伤之灾，以致影响事业的发展。

大门不可对着岔路，一出门就看到两岔路冲入门内，这种交叉的气流会影响主人的决策和判断能力。

大门不能对着死水塘，因为死水塘的气流受阻、不顺畅，容易聚积浊气，对主人的身体健康造成不良影响，而且闭塞不通的气场象征事业上没有出路。

大门不能对着烟囱，因为烟囱是排泄废气之物，住宅主人每天进出大门看到烟囱，心理上就会不舒服，同时废气也会被风吹进屋里，被人吸进体内，严重影响主人的身体健康。

大门不能对着寺庙、教堂等宗教建筑物，因为寺庙、教堂为"孤阴煞地"，是神佛之灵出没之地，这种气场容易使人情绪不稳，易发脾气，还会使人产生梦幻，甚致使人夜间魂飞魄游，特别容易使人精神消沉，丧失进取心，有孤单和失落之感。

总之，别墅大门不能对着带有煞气的障碍物，否则不仅影响人的财运，而且还会影响人的身体健康与前途事业的发展。若别墅大门对着电线杆、大树、墙角和直冲而来的大路、山脚尖等无法改变的恶劣环境时，就必须找专业的风水师，根据大门前的障碍物和实际状况，在大门楣上适当安装一定数量的八卦平镜或八卦凸凹镜挡住煞气。安装八卦镜的原则是：若欲反射对方射来的煞气，宜挂凸面八卦镜；若欲吸纳消化对方之气，宜挂凹面八卦镜。

5. 大门影壁墙的运用

影壁墙也称为照壁。影壁墙的作用主要用以阻挡来自大门外面的强烈气流对住宅内部的冲击，保存屋内的生气。

若别墅外面有河流直冲大门，就会使内部的气场不稳，直来直去容易伤损人丁。古代的住宅大都在大门里面设置影壁墙，用来阻挡从门外呼啸而来的气流，使其流速与居宅内部空气的流动速度相协调。

不同的居住环境的能量场是不一样的，不同的能量场对人产生的影响存在明显的差异。气脉好、生气旺的居住环境，可以提升宅主的综合运势，事业顺利、身体健康，万事如意；若气脉带煞，没有丝毫生气的居住环境，就会给宅主带来一连串的不顺与麻烦。

如果能通过巧妙地运用影壁墙，阻隔门外气流的冲击，人为地制造生气和扭转气场，就可达到趋吉避凶的神奇效果。

大门正对大路，可采用影壁墙遮挡。影壁墙可以设在大门外，也可以设在大门内，其功能和作用均是挡风、避煞。

6. 大门图案与颜色的选择

（1）大门图案的形状

住宅大门与附加防盗门图案形状十分重要，因为不同的图案形状都有其五行所属。如圆形和半圆形的五行属金；长方形和直线形的五行属木；梅花形和波浪形的五行属水；三角形和多角形的五行属火；正方形的五行属土。对大门图案形状的选择，应当结合大门所处的八卦方位而决定，特别是大门的门顶设计，更不能脱离大门方位的五行而任意选择门顶图案。

东方和东南方五行属木，这两个方位大门与防盗门的门顶图案形状，宜选用直线形或长方形，不宜选用圆形和半圆形门顶。

南方五行属火，南方大门和防盗门的门顶图案，宜选择直线形、长方形和三角形。若三角形门顶犯忌讳，则可选用直线形和长方形。南方大门和防盗门不可选用波浪形、梅花形的门顶。

西南方和东北方五行属土，这两个方位的大门和附加防盗门，宜选用圆形、半圆形、正方形和三角形的门顶，不宜选用长方形和直线形门顶。

西方和西北方五行属金，大门和防盗门均宜选用圆形、半圆形、波浪形、梅花形的门顶，不宜选用直线形、长方形和三角形的门顶。

北方五行属水，北方大门和附加防盗门的门顶图案形状，宜选用波浪形、梅花形或长方形的门顶，也可选用圆形和半圆形的门顶，不宜选用正方形与三角形。

（2）门的颜色

图案形状有五行，颜色也有五行。

大门和防盗门的门顶图案形状五行，应当与门的色彩五行相生才为吉论，相克当以凶论。门的色彩五行生门顶图案形状五行，以泄气论，是凶的格局；门的色彩五行与门顶图案形状五行比和，以中吉论；门的图案形状五行生门的色彩五行大吉，因为色彩具有扭转五行气场的功效，它包容着门气的五行性质，故门的色彩五行得生旺，以大吉论之。

（二）别墅外部方位煞气

别墅西北位有大河流，为水破天心，主掌门人有凶死之兆。西北有水为淫荡水，主男主人红杏出墙，丢官败财。

东南方位有大烟囱，主家中瘟病多，子女不喜欢读书、学业无成，事业衰败。

东南方位建铁架水塔，为青龙折足之象，其凶意和城市住宅东南方门前有大铁桥的凶象可同论，主家中破大财，容易犯官非之灾。别墅东南方位有臭水沟离房屋较近，臭水就会化泄青龙文昌位的气场，亦为青龙折足之象，主家中破财，特别是逢木旺之年（甲、乙、寅、卯、年为木旺），破财更重。同时，子女学习成绩不好，学业难于成功。

别墅西南方位有道路冲射，犯箭冲煞，主家中人口不宁，有血光之灾；西南方有大河流宽深，奔流不息，水势凶猛，为无情水，主大凶之象，不但破财，

周易与家居环境

而且家中人口多病灾。

别墅东北角有坟地，为阴赶阳，家中容易聚集阴气，主子女有伤灾且易患阴性病（暗病），求医吃药无效。

二、别墅内五行

（一）客厅风水

客厅风水关系着整个家庭的正财运、官运、事业运和家人名望的兴衰，在家庭整体风水中占着特别重要的地位。

客厅风水的吉凶，主要是从客厅的朝向、装修色调、八大方位的布局以及财位的布置等体现出来。

1. 客厅的门向决定房子朝向

客厅的门向决定客厅的坐向，也就是说客厅作为一个空间，其坐向是以厅门朝向来定论。如厅门向南，则客厅坐向为坐北朝南；若厅门向北，则客厅坐向为坐南朝北；若厅门向东，则客厅坐向为坐西朝东；若厅门向西，则客厅坐向为坐东朝西；若厅门向西北，则客厅坐向为坐东南朝西北；若厅门向东南，则客厅坐向为坐西北朝东南；若厅门向东北，则客厅坐向为坐西南朝东北；若厅门向西南，则客厅坐向为坐东北朝西南。

在当代家居住宅中，如果一进门见到的第一个空间是客厅，那么客厅的朝向就代表住宅的朝向。因为屋外大自然气息对房屋发生作用，主要是通过客厅门纳气来实现的，客厅收纳屋外自然中的吉祥气息后，再分配给房屋中的卧房等各个生活空间。

客厅主要有八大朝向：即坐北向南，坐南向北、坐东向西、坐西向东、坐西北向东南、坐东南向西北、坐东北向西南和坐西南向东北。

客厅的八大朝向有吉凶之别，主要是通门向反映出来，也就是常说四大真门和四大假门。四大真门即指西北门、东北门、北门和东南门；四大假门即指西门、东门、南门和西南门。无论别墅建在山坡上或是平洋地带，都以开四吉门为吉论。

2. 厅门的朝向与地垫颜色

别墅与普通住宅一样，可在门前铺上一块地垫，但地垫的颜色都具有五行能量场，也能对宅运产生一定程度的影响。因此在门前铺地垫必须结合门向，选择地垫的颜色，才能给家居生活增添吉祥的气象。

客厅门口朝向东方或东南方，门前可以搭配绿色、青色或紫色、红色的地垫。

客厅门口朝向西方或西北方，门前可以搭配天蓝色、乳白色或乳黄色地垫。

客厅门口朝向东北方或西南方，门前可以搭配金黄色、乳黄色乳白色地垫。

客厅门口朝向北方，门前可以搭配乳白色、金黄色或海蓝色地垫。

客厅门口朝向南方，门前可以搭配暗红色、紫绿色或黄土色的地垫。

3. 客厅门的颜色

厅门的颜色最好与别墅住宅中的主人命局（四柱八字）五行喜忌匹配。

若宅主生于春季，四柱命局木旺金缺，故以金为喜神。别墅客厅门的颜色应以金黄色、乳白色作为主色调。

若宅主生于夏季，四柱命局火旺水衰，故以水为喜神。别墅客厅门的颜色应以黑色或金黄色、乳白色作为主色调。

若宅主生于秋季，四柱命局金旺木死，故以木为喜神。别墅客厅门的颜色应以绿色为主色调。

若宅主生于冬季，四柱命局水旺火死，故以火为命局喜用神。别墅客厅门颜色应以暗红色或紫色作为主色调。

4. 厅门前后宜忌

门外区域应保持整洁和明亮。门前不能堆放任何障碍物，要有足够的自由行动空间，每天推门出去时，视线必须光亮、整洁，要给人舒畅通顺的感觉。

门内区域要保持整齐、清洁，进入门口不远的地方，看到门的左边和右边的小空间，一定要干净，不宜放置垃圾袋或垃圾桶，也不宜摆放鞋子。在门的左右两边各放一条龙可以旺门气，同时也旺客厅气场，提升宅运。请龙进屋必有喜事临门，不升官也会发财，最起码家人运气好转，会得到领导的重用、提职和增加薪水。

总之，客厅门的内外区域都很重要，它与人的财官运、事业前途和社会声誉都有必然的联系，一定不可摆放杂乱的东西，要使家人每天出大门时有舒畅的良好感觉。如果门口空间比较小，就在门口上方左右两边设置灯光或用浅色装饰来调整人的视觉。

5. 客厅门不可正对楼梯

楼梯的台阶会形成一个不断切割的磁场体，会干扰屋内生活空间的气场，影响居住者的身体健康。因此，楼梯应设置于一个比较稳藏的地方，不宜设置在住宅的中心位置，更不能让楼梯正对冲射客厅门口。客厅门口是一宅之中的关键纳气点，无论是普通住宅还是高档别墅建筑形式，一般都以客厅门口作为整体房屋的纳气点。如果楼梯正对着厅门，就难以保证家庭的稳私性，使人进出门口时会有一种被监视的感觉，还会使楼梯磁场冲击门口气场，严重地影响家居生活的质量。如厅门正对楼梯是向下的，则家中的财气极有可能向下流逝，因此要在门后设置屏风来阻止内财外流；另一种情形是正对向上的楼梯，则考虑财水外流，若在门内放置大叶植物如发财树、金钱树等可引财入室。

6. 客厅门不可直对窗口、后门或厕所门

客厅门不可直对窗口、后门和窗口都是理气上的通道，是气流进出房屋的主要关口。

住宅内部的气流"喜回旋，忌直冲"，客厅门不可与窗口、后门

连成一条直线，否则气流不能聚集于屋内，意味着财富不聚，容易耗财。

厕所是产生秽气的空间，客厅门不宜直对厕所，否则厕所的污秽气流会污染厅门所纳气流，降低客厅气场的质量。

7. 客厅门的材质和尺寸

别墅客厅门的材质和样式只要求坚固、大方即可。门的尺寸应当和房子的面积成比例，房子大则门大，房子小则门小，不可门大房小，也不可房大门小。

8. 客厅门不宜正对屋内走廊

房屋内部不宜有进深太长的走廊，否则磁场不稳，宅运不旺。属大凶之象。在屋内制作影壁墙或屏风遮挡，改变走廊气流的行走路线，可避免走廊冲门带来不良的后果。

庭院大门正对大路冲，可在门前种植环形树丛或花丛挡住，以圆润来化解直冲而来的外力；客厅门受房屋内外走廊直冲，可在门内制作影壁墙、玄关或屏风挡住。

9. 入门宜有三见和三不能见

（1）宜有三见：一是开门见红，也称为开门见喜。即是说在进家门时，一开门就见到红色的墙壁或装饰品，使人放眼就有喜气、温暖和振奋的感觉。二是开门见绿，即一开门就见到墙壁边有绿色植物，生机盎然，能使人收住眼神，具有养眼护神的功效。三是开门见画，即一开门就能见到一幅美丽、雅致的图画，可缓和进门后的仓促感，同时亦体现居住者的涵养。

（2）宜有三不能见：一是开门不能见灶，火气冲射门口，会使财气无法进入住宅；二是开门不能见厕所，一进门就见到厕所，秽气迎人，运气差；三是开门不见能镜，因为镜子平面光滑，会将财气反射出去，综合运气极差，还会使居住者患上咽喉炎。如果犯了入门三不见的毛病，就会使家庭运气衰退，不仅财运不佳，还会使人的身体患上疾病。屏风在家居中的作用很大，凡厅堂、居室都可以设置屏风，其主要作用是改变门位、分隔区域和保护隐私，住宅犯了入门三不见的忌讳，虽然使用屏风化解也可达到一定效果，但是不能完全避免这种不利因素给宅主带来不利影响。

10. 客厅的装修色调

无论是客厅外环境，还是内环境，山水可以逆转和再造气场，同样，光线、色彩也具有格调逆转和气场再造的神奇功效。颜色具有改运的特性，主要通过颜色的暖色系和冷色系来实现。

暖色系——暗红色、橙色、黄色、粉红、紫色等，暖色系代表爱情、爱心、奉献等，能令人奋发向上积极进取。

冷色系——黑色、白色、灰色、蓝色、青色、绿色等。冷色系代表冷静、沉寞，能令人松驰、幽柔和消极。

别墅客厅所使用的颜色应偏重于暖色系，尽量避免过多地使用冷色系。暖色系的空间，往往使人的情绪比较安稳，会充满爱心和安全感，不仅人事上不易发生纠纷，而且工作、事业也很顺利，能轻易地达到目标，还可以招财进宝。

咖啡色：代表食欲、温暖的良好感觉。

橙色：代表理智与温和的爱心。

紫色：带有一点粉红的紫罗兰色，代表高贵的爱心。

黄色：代表友善、快乐和理智、稳重的倾向。

粉红色：是标准的爱情、爱心的表现颜色。

绿色：具有令人宁静、舒适的感觉。虽然归于冷色系，但是也带有爱心。

白色：是比较中性的颜色，但侧重于冷色系，可令人感到纯净可爱的感觉。

黑色：有令人消沉与不安的感觉，但也有令人高深莫测的倾向。

客厅风水布置的要求，最重要的是格局和五行的生克所达成的阴阳能量平衡。应根据客厅在整个住宅的方位和客厅的朝向，在装饰上配以恰当的颜色，可以提高客厅风水的应吉效果。如果客厅位于别墅的西南或东北方位，那么应使用暖色系中的黄色作为主色调；如果客厅位于别墅的正东方或东南方位，那么应使用冷色系中的绿色为主色调；如果客厅位于别墅的北方，那么应用冷色系中的蓝色；如果客厅位于南方，那么应使用暖色中的红色或紫色；如果客厅位于西方或西北方，那么应用冷色系中的白色、银色或金色。这种方法是根据事物五行的生克制化原理进行布局的，可以达到阴阳五行能量平衡的最佳效果。但是如果能做到暖色系和冷色系的合理搭配，才能真正为主人营造一个美好、舒适的居住环境。

在家居装修风水中，颜色是非常重要的角色，从心理学的角度来看，如颜色搭配不当，会对宅主的情绪产生负面的影响；从科学的角度来说，颜色能增强磁场的力量，具有扭转和再造气场的功效，不但会影响居宅主人的视觉神经，还会影响心脏机能、内分泌和中枢神经系统。客厅天花板颜色最好比地板的颜色浅，才符合"天清地浊"的原则，如果天花板的涂料颜色过于浓重，就会给宅主带来压迫感，人居其中就会感到头晕眼花。

颜色是有阴阳属性区别的，红色、黄色、橙色、白色、米色为阳性；青色、蓝色、灰色、黑色、咖啡色为阴性。从八卦理论角度来讲，颜色的配搭必须依据阳宅的情况来定，如果别墅客厅阳光普照，黄昏时刻都感觉到光芒刺眼，说明阳气旺盛，就选择带阴性的颜色调配；如果客厅中日光线不足，在白天感觉光线很弱，说明阴气过重，就要用带阳性的颜色来调配。

选择颜色必须要互相协调，各种色调不可过多，以恰到好处为原则。

颜色所属的五行如下：

五行属金的颜色——金色、银色、白色。

五行属木的颜色——青色、绿色、碧色。

五行属水的颜色——蓝色、黑色、灰色。

五行属火的颜色——红色、紫色、橙色。

五行属土的颜色——黄色、咖啡色、杏色。

在客厅风水的布局上，若要运用五行颜色来调节人体能量场，除了应当知道颜色所属的五行外，还必须对五行生克制化的基本关系做一些了解，才能创造良好的视觉效果，同时构建舒适通畅的室内气氛。

根据宅主本身五行喜忌来调配客厅颜色，这种方法是以宅主本身八字五行的喜忌，推算出适合宅主对颜色的喜忌。

按照四象方位和天花板所喜的颜色进行调配与布局，可以收到运用颜色五行来补充宅主命中五行气场的良好效果。四象方位所喜的颜色如下：

（1）东方喜爱绿色与暗红色、紫色

东方五行属木，主导人的事业运和健康运，象征年轻勇于冒险的精神，所以在东方位置摆放一些绿色或暗红色家具及装饰品，都可以使家人充满干劲，具有热情、向上和大胆进取的精神，有利于身体健康、学业进步和事业的发展。东方摆一匹大的陶瓷马最佳。

（2）南方喜爱暗红色、紫色与黄土色

南方主宰灵感及社交能力和人的名声、威信，在南方放置绿色的植物，或紫色、暗红色、黄土色的饰品可以增添生气盎然的美感，还能提高人的威信与对人际关系的改善有正面的催化作用。

（3）西方喜爱乳白色和蓝色

西方是主导财运的方位，黄色是代表财富，若在西方位置放上黄色的家具或黄色水晶等饰物，就可以给家人带来旺盛的财气，还可以摆乳白色与蓝色的饰品可改善家庭关系，令家庭成员和睦相处。

（4）北方喜爱蓝色、黑色与绿色

北方掌管着读书的运气，若想增进人的聪明度就在北方放置蓝色物品，小地毯等饰物，有利于思维和头脑聪明。

（5）天花板的颜色

客厅中天花板的颜色，应根据"天圆地方，天清地浊"的风水学定理进行布置。天花板的颜色应尽量使用最浅的颜色，同时地板的颜色要比天花板的颜色浓厚而深沉，否则会使屋内的人感到头重脚轻，做事颠三倒四。在中国风水学上，天花板代表天，地板代表地，墙壁代表居住之人，因此墙壁的颜色应介于天花板和地板之间，既要比天花板的颜色深，又要比地板的颜色浅，这样才能使天、地、人三才达到和谐、融洽的境界。

11．客厅财位

（1）中堂财位

在古代，中堂是指一进入住宅大门就可直视到正前方的坐山方位，此方位与大门相对，处于住宅厅堂后面的一面墙。在当代家居住宅中，客厅的后半部分称为中堂，但由于现在房屋结构多样化，有些房屋的后墙不一定是厅堂的后墙，因此产生了客厅和中堂的二种说法。

一般地说，当代住宅中的客厅就是中堂，它是房屋中最聚气的地方，蕴藏着权力、官威、财气和人丁的综合能量。从风水角度来说，中堂是房屋福、禄、寿三山的位置，是一宅之中的总财位，是旺官、旺财、旺丁的最佳方位。布局好中堂风水相当重要，一定要保持中堂的高度干净和明亮，并且摆放一些旺官、招财和旺丁的吉祥物，用以强化官威、财运和丁气的能量。别墅的环境优雅，若再配以中堂摆放吉祥物，那么对提升人的官运、开辟财源门路和兴旺人丁，均能起到一定的催化作用。客厅中堂可摆放的吉祥物主要有财神、大肚佛、麒麟、貔貅、金蟾、龙龟、聚宝盆、元宝、五路财神等塑像。在中堂摆放太上老君可避邪，摆放送子观音可调生育。

　　吉祥物必须经大师开光后，通过合理搭配才可摆放，并不是一般人可以儿戏的，否则弄巧成拙，难于招吉，还会起反作用。

　　别墅内部动线（走廊）切勿从中堂通过，中堂处不可设置门窗，不可有梁柱，更不宜有便门通往阳台。中堂处不宜放置养鱼缸等水性的旺盛的物品，否则损丁又败财。

站式财神

坐式财神

五路财神：调财官运

麒麟：旺宅化煞

太上老君

送子观音

（2）八宅派财位

　　八宅派理论是以四吉星为财位，四吉星即伏位、生气、天医、延年。

伏位就是中堂财位，与中堂财位是一致的，这里有福、禄、寿三山，是旺财力度最大的地方；其次也是生气财位。天医和延年二星视为财位，主要是这两个星曜与人的身体健康、寿元有着密切的联系，人的身体健康，寿命就会长，不会败财。因此，在生气、天医与延年三个星曜方位摆放吉祥物，可以增旺财气。

伏位的布局与中堂福、禄、寿三山总财位的布局是一样的，而生气、天医和延年三个财位的布局，要结合它们的五行属性选取旺财物品，金水木火土五种物质不可滥用。生气星五行属木，可使用五行属木火的旺财物品；天医星五行属土，可使用五行属火土的旺财物品。延年星五行属金，可使用五行属金水的旺财物品。

（3）用玄空派定财位

住宅中属水的东西有喷水池、风水轮、养鱼缸、自来水、冷气孔、门路、走廊、窗户和空缺处等，除了喷水池、风水轮、养鱼缸和自来水为真水（实水）外，其余均为假水（虚水）。

玄空学认为，水在每一个元运都有不同的变化，这种变化主要表现为旺、生、退、衰、死五种状态。因此，在每一所住宅中的水位，不应死板地固定于某个位置上，应当随着元远的变化而变换水位。

《天玉经》上说："阴阳二字看零正，坐向须知病。若遇正神正位装，拨水入零堂。零堂正向须知好，认取来山脑。水上排龙点位装，积粟万余仓。"玄空学是以住宅的"真零神"方作为财位，用水性物品来催财。

一运：正神方为壬子癸，零神方为丙午丁（真零神为午丁），催官水为戌乾亥。

二运：正神方为未坤申，零神方为丑艮寅（真零神为丑），催官水为庚酉辛。

三运：正神方为甲卯乙，零神方为庚酉辛（真零神为酉辛），催官水为丑艮寅。

四运：正神方为辰巽巳，零神方为戌乾亥（真零神为戌），催官水为丙午丁。

五运：前10年，正神方辰未，零神方为戌丑，催官水为午丁；后10年，正神方戌丑，零神方为辰未，催官水为子癸。

六运：正神方为戌乾亥，零神方为辰巽巳（真零神为辰），催官水为壬子癸。

七运：正神方为庚酉辛，零神方为甲卯乙（真零神为卯乙），催官水为未坤申。

八运：正神方为丑艮寅，零神方为未坤申（真零神为未），催官水为甲卯乙。

九运：正神方为丙午丁，零神方为壬子癸（真零神为子癸）催官水为辰巽巳。

除了真零神财位外，玄空学还有"水上排龙点位装的财位。这个财位的确是有一定的准则的：一是以入住年份所属的元运立极；二测定住宅的坐向，选定下卦或替卦星盘；三以运星入中，顺排九宫，排出运盘;以山、向三星入中，依阴阳顺逆的飞行规则飞布九宫；最后，看向星旺衰作取弃，取当令的旺星和生气星所在的方位为财位。

风水学的最基本理论是"山管人丁，水管财禄"，玄空风水的财位见水可以旺财，但八卦理论确定的中堂财位不宜见水，否则破财损丁。因为中堂是福禄寿三山所在地，不仅管财禄，也管人丁，见水必损人丁。

客厅是家庭成员的公共空间，是家庭生活的重心，客厅又代表着对外沟通的枢纽，其风水关系着整个家运。

客厅中的财位，关系着全家人财运的兴衰。财位处不能是通道，也不能处于家人经常走动的地方，否则财气守不住，财运反覆无常；

若财位处刚好是一个门，或因房子的格局关系找不到财位，或财位的地方有大柱子凹进来，都是风水不佳的房子，最好是运用走道隔间的方法，造出一个财位。财位上不可放置会发热的电器；财位上不可摆放人造干花；财位上方的天花板不可漏水，墙壁或地板油漆不可脱落，磁砖不可斑剥。

12. 客厅八大方位能量与人生欲求

别墅客厅中的八大方位与人生的各种欲求存在着必然联系，若想提升家庭的综合运气，满足各个家庭成员的人生需求，则要合理地布置好八个方位的风水。要布置好别墅客厅八大方位的风水，就必须准确无误地找出客厅的中心点，在中心点上安置罗盘，格定出各个方位的度数范围，然后在需要催化的方位上摆放风水法器。

（1）西北方

客厅的西北方主管贵人运和事业运，主宰着升迁和失业的运气，具有招来贵人扶助、提升官运和培养男主人健康身体的高强能量，因此男主人一定要注意调节和利用好客厅的西北方位。在客厅的西北方位适当摆放一些招贵人、旺财、旺官、避邪、保平安等风水物品，都会对家中男主人起一定的催化作用。

适合在客厅西北方摆放的吉祥物有：

貔貅

能吸过路人的财，也可招偏财。

蟾蜍

可招财，意味丰收与长寿。

骑象大肚佛

可招财、聚财。象征财来得快。

摇扇睡佛

招财、代表家庭和睦。

文财神比干

可招财、旺财，象征富贵。

布袋弥勒佛

可招财，象征财源滚滚，家庭和睦。

招财进宝铜钱

此为聚财法器，可使家庭经济收入日益增多，避免破财。

青龙

具有避邪、招贵人，也可用于镇宅。

凤凰如意

代表吉祥与太平，象征事事如意，一切如愿以偿。

聚宝盆

象征财富丰盛。此法器与财神组合，可招大财。

玉龟

象征健康和长寿。

龙龟

象征吉祥。可招财、化煞。

开盖龟

具有避邪功能。用于镇宅，可保平安、化病灾。

观音

具有转运、保平安和招贵人的功效。供奉观音，可保家宅平安，还能得到贵人帮助。

忠义财神关公

象征忠心、义气、信用和团结，具有避小人、招财和护财的功效。经商之家在住宅的客厅门内青龙位摆放关公塑像，象征能够逢凶化吉、遇难呈祥、四季平安、财源广进。

（2）西南方

西南方是主管财运和桃花运的方位。

西南方的能量与家庭女主人的运气存在着密切的关系，若在客厅的西南方适当摆放一些吉祥的风水物品，有效地开发与利用西南方的能量，则可以提升家庭主妇的运气，能给她带来长久的利益。

适合在客厅西南方摆放的吉祥物有：

莲花

莲花具有香、净、柔软和可爱四种特性，它出污泥而不染，柔美异常，是清净、圣洁与吉祥的象征。在客厅西南方摆放莲花，象征女主人柔善而纯洁。

宝瓶

宝瓶是佛教中的吉祥物，象征财富和清净。在客厅的西南方摆放宝瓶，象征着家庭主妇掌握着财富之源。

金鱼

象征自由和超越，代表富裕与祥和。在客厅西南方摆放金鱼，象征女主人有着超人的智慧，可以自由轻而易举地获得财富。

金轮

象征永不停息、圆满如意、增长智慧，代表事业前途广阔，事业顺利发展。

财神聚宝盆

象征财富。把聚宝盆摆在客厅的西南方，可以强旺女主人的财运，提高女人的身体素质，还可以起化解煞气的作用。

鸳鸯

象征夫妻爱情美满、和谐幸福。摆放在客厅或夫妻卧室或新婚洞房的西南方，必使夫妻恩爱，生活幸福、美满。

鸾凤相伴

鸾凤相伴象征忠贞、纯洁的爱情，摆放在客厅或夫妻卧室内，可促进夫妻感情和睦，忠贞不渝，白头偕老。

坐莲观音

观音大慈大悲，救苦救难，是众菩萨中最有灵感力的一位。在住宅客厅的西南方摆放坐莲观音，可以治病，可保家庭主妇一生平安，安乐自在。

（3）东方

东方是主管事业运和子孙运的方位。

东方的能量与长子的运气存在着密切的关系，若想提升长子的运气，就要合理、有效地开发东方的能量。

适宜在客厅东方摆放的吉祥物有：

宝马

摆放龙宝马等吉祥物以及种植一些树草盆载，可以提升长子的活力、财运和事业贵人运。

龙

用于开运，象征意义为招财、事业腾达。能让人出人头地、大展宏图、财源滚滚。龙不仅可以摆放于东方，还可以摆放在房间的左侧位置和办公桌的左边。天龙摆在高处，地龙摆在地下，水龙放在水缸里。

双龙戏珠

可助事业腾达、财源滚滚、步步高升。

玉象

在东方摆放玉象，象征平安、招财、纳福。

猴哥骑象

猴喻为"侯"，象喻为"相"，意味"封侯拜相，世代为官"。在住宅客厅的东方摆放"猴哥骑象"，象征事业运和官运步步高升。

姜太公钓鱼

这是一种与众不同的钓鱼方法。其实是招贵人的特殊方法，钓鱼就是钓贵人。在住家的客厅、书房里或办公室里的东方，适当位置是书柜顶上，摆放姜太公钓鱼，可以招来贵人、拥有知己、获得成功。

骆驼

骆驼雕像，象征精力充沛，不怕艰难，具有拼搏向上的精神。最宜正处于创业时期的人士和学生使用，适宜摆在客厅的东方，也适宜摆放于办公室、书房或学生卧室的东方。

（4）东南方

东南方是主管人的读书运（即文昌运），其能量可以提高人的悟性、思维和智商。若想提高家中子女的读书聪明度，则必须合理地、有效地开发和利用东南方的能量。

客厅中的东南方是一个家庭中长女的方位，若能合理有效地开发与利用东南方的能量，则不仅可以提升家里子女读书的运气，特别能给长女带来更多的益处。

适宜在客厅东南方摆放的吉祥物有：

铜葫芦

铜有收煞和和转运的作用，葫芦具有避邪除厄、收煞、化煞的功能。

白玉葫芦

白玉制的葫芦具有吉祥的作用和助益女性追求容貌美丽、身材优美、皮肤白嫩的效果。此物放在客厅的东南方，即可助益长女。

牡丹花

牡丹具有高贵地位，象征富贵荣华。摆放在客厅或卧室的东南方，能对长女起催化作用。

鲤鱼跃龙门

象征子孙读书进步、金榜题名。把鲤鱼跃龙门摆放于家宅的东南方，有催化读书成名的功效。

（5）北方

北方是主管人的读书运。住宅客厅北方的能量与中男的身体健康、运气存在密切的关系。

开发和利用客厅中北方的能量场，则可以提升家人读书悟性，提高人的思维灵敏力度，还能给中男带来很多的益处。

适宜在客厅北方摆放的吉祥物有：

金鱼缸与风水轮

在客厅的北方摆放金鱼缸、风水轮和山水画以及一些金属饰品，都可以强旺北方的风水磁场，对中男身体健康和运气均能带来良好的影响。

木葫芦

把木葫芦挂在住宅客厅的北方，对中男来说，具有强身健体、延年益寿的作用。

文昌塔

文昌塔象征聪明、智慧。在客厅的北方摆放文昌塔，利于读书、功名和事业。

龙舟

龙舟有乘风破浪的含义，象征一帆风顺、吉祥如意。在住宅客厅或公司办公室里的北方摆放龙船，代表生生不息，意味着将获得良好的机会。

（6）南方

南方主管人的名声运和桃花运。

南方是代表家中次女的方位，若能合理有效地开发和利用南方的能量，则可以提升家里次女的运气，同时可以造就甜蜜美满的婚姻。

适合在客厅南方摆放的吉祥物有：

财神像

财神像有文财神像和武神财像之分，二者均可摆放于南方位置。若住宅坐南向北，那么南方房屋的坐山方位（靠山），在这里安财神最吉，因为靠山位是家宅的明财位，财位安放财神塑像寓意家庭祥和幸福、美满，财源滚滚，还有很好的破煞效果。

貔貅

貔貅具有吸财、旺财、化煞和转运的功能。把貔貅放在家中，可令运气转旺、驱除邪气。

三脚金蟾

三脚金蟾寓意财源滚滚，事事顺利。在住宅客厅的南方摆放三脚金蟾，既可旺偏财，又可旺正财。

（7）东北方

东北方是艮卦，代表少男，五行属土。艮土掌管人体中的脾、胃、消化系统。在别墅客厅中的东北位置摆放金属吉祥物，可以强化东北方土的磁场能量，增强人的脾胃消化功能，有利家人的身体健康，特别对少男的身体健康有高强度的催化作用。

东北方为子孙山，同时又是少男的方位，这个方位的能量不仅对少男的平常运气有着直接的影响，还特别对他的婚姻和整个家庭的人丁兴衰有深远的影响。

适合在客厅东北方摆放的吉祥物有：

铜鸡

可以促使其婚姻早日成功；若想家庭人丁兴旺，则可在东北方摆放一些催丁、旺丁的吉祥物品。

水晶柱

可催化人的头脑灵活，提高人的智慧。水晶球具有改运的功效，增强家庭的财气。

佛珠

象征永久平安、吉祥。

花瓶

象征富贵、平安，还代表身体健康。

（8）西方

西方是兑卦，代表少女，五行属金。兑金掌管人的肺、喉、舌、痰涎。在别墅客厅中的西方摆放吉祥物，可以强化人的肺部功能，避免出现咽喉炎、哮喘或支气管炎病人，特别对家中少女的身体健康有利。

西方主管着一个家庭的财运，在别墅的西方摆放一些招财吉祥物，可以增旺财气，起到旺财作用。

西方是少女的位置，家中少女的婚姻与西方的风水磁场有着密切的联系。在家宅的西方摆放铜鸡等吉祥物，可以大大改善少女的异性缘，可以催化其美满婚姻早日成功。

适宜在客厅西方摆放的吉祥物有：铜鸡、水晶球、大肚佛、蟾蜍、麒麟等。

13. 风水摆设应配合命局五行喜忌

简单来说，人出生命局五行是受季节影响的，假如一个人在夏季出生，他命中五行热气较旺，需要水而忌火，因此宜在家宅属于他的方位上摆放水；假如一个在冬季出生，他命中五行较寒冷，需要火而忌水。人生于春季，由于春季是木旺的季节，命中木多需要金去砍伐，因此生于春季的人喜金而忌木；秋季是树木凋零的季节，生于秋季的要木而忌金。

总之，生于春天的人木旺要金，生于夏季的人火旺要水，生于秋季的人金旺缺木，生于冬季的人水旺怕冷而要火。

在当代家庭住宅中，家具等家庭摆设物品都有五行，如炉灶五行属火，电视机和电脑等经常使用的电器都带有极强的火气，五行亦属火。如果某个家庭成员命局中火五行偏弱，可以在与他相应的八卦方位上摆放五行属火的家具或吉祥物品。如长男生于冬季，命中五行火弱，那么可以在家宅的东方摆设适当的五行属火的物品，补救他命中所缺的五行；若家中老父生于春季，命中五行缺金，则可以在家宅的西北方摆设适当的五行属金的物品，用以补救他命中所缺的五行；若家中的次男生于夏季，其命中五行缺水，则可以在家宅的北方摆设五行属水的物品（鱼缸等），用以补救他命中所缺的水元素；少男补缺摆设，可在东北方；老母补缺摆设，可在西南方；长女补缺摆设，可在东南方；次女补缺摆设，可在南方；少女补缺摆设，可在西方。

任何一位家庭成员的方位，都具有代表他个人的信息能量，在这个方位上的摆设只会影响他一个人。

14. 客厅中家具物品摆设

风水学中所说的明堂有阳宅明堂和阴宅明堂两大类。就阳宅来说：明堂是指住宅前面藏风聚气的平缓空地或池塘、湖泊。明堂代表官贵、权力和财气，明堂大则官大、财旺，明堂小则没有贵气且退财，这是风水学中的硬道理。

明堂一般都在住宅的前面，从别墅这个特殊住宅款式来看，庭院是别墅的外明堂，位于住宅前面；客厅是别墅的内明堂，位于住宅中堂。

不管是外明堂，还是内明堂，都不能犯煞气，不能空气污浊，感觉狭窄，否则主人做事拿不定主意，不聚财，贵人无力。同样道理，作为别墅内明堂的客厅应该宽敞，不宜积集污浊空气，更不能犯煞气。

要做到客厅不犯煞气，保持厅中空气清新，满足主人日常生活的需要，就必须布置和摆放好客厅中的物品。客厅中摆放的物品，大致有电视、沙发、茶几、组合音响等等，如果这些物品只由宅主随心所欲或依据自己的审美观来摆放，很难使所有物品达到通融的

周易与家居环境

感应效果。别墅客厅中各种家具物品的摆设，除了从方便、实用和美感的角度去考虑外，最好还应当结合八卦阴阳五行性质进行布置，为宅主创造一个既方便、美观，又实用、舒适的家居环境。主要方法是物品摆放的方位，应根据物品五行特性和方位五行相结合的原则选定，方位五行与物品五行相生比和为吉，方位五行与物品五行相克为凶。

西北方和西方的五行属金，可以摆放五行为金或五行为水的家具物品，不能放置五行属火的电视机或消毒碗柜等物品；也可以摆放五行为土的物品（生方位五行）。

北方的五行属水，可以摆放五行为水或五行为木的家具物品，不宜摆放五行属土和五行属火的物品；也可以摆放五行为金的物品（金可生方位五行水）。

南方的五行属火，可以摆放五行为火或五行为土的家具物品，不宜摆放五行属水的物品。饮水器、金鱼缸、风水轮和雾化盆景等物品五行属水，均不宜在南方火地摆放。

东方的五行属木，可以摆放五行属木和五行为火的家具或装饰物品，不宜摆放五行属金或土的家具或装饰物品。

陶瓷马的材质五行为土，但马的五行属火，把陶瓷马摆放于客厅的东方，木火土三种五行流通，不会相克形成煞气，反而对宅主的事业运起到增旺作用。

东南方五行属木，而且又为地户和水库之地，水木两种五行齐备，最宜摆放五行属木或水的家具和物品，也可以摆放五行属火的家具物品或装饰物品。

东北方和西南方的五行属土。单从五行上来论，土忌木来克，因此这二个方位不宜布置长条的木家具，这是一种牵强附会的说法。还有些人说，绿化的竹、树盆栽的五行属木，因木会克土，故不宜把竹子和树盆栽摆放在东北和西南方位，这种说法是错误。八卦理气中，西南方代表大地，具有承载万物的能量，是家庭摆放绿化盆景最有利的方位。但从通常的五行生克理气来分析，这二个方位最适合摆放五行属土和属金的家具物品或装饰品。不过，东北为外鬼门，西南为内鬼门，阴气都比较旺盛，不管摆放什么样的物品或家具，都应当考虑到彩光和通风的有利条件。

客厅中几种主要物品的摆放方法是：

（1）电视机、电冰箱等带火性的物品，最宜摆放于客厅的东方、东南方，其次是东北方和西南方，再次是南方。

（2）饮水机、热水瓶等带水性的物品，最适宜摆放于客厅的东方、东南方，其次是北方和西方。

自然界中水，与人的血液都有密切的关联，因此家庭住宅中对带有水性的物品要慎重布置，否则很容易引发与血液有关的心脑血管等疾病。

15. 客厅中影壁、玄关、屏风的作用与区别
（1）影壁墙的作用

影壁墙也称为照壁。影壁墙是针对屋外气流的冲煞而设置的，其作用是用以阻挡来自房屋大门外面的强烈气流对住宅内部的冲击，保存屋内生气的作用。

从风水学角度来说，无论是房屋外面的河流，还是住宅内部的气流，都忌讳直来直去，《水龙经》上说的"直来直去损人丁"，就是这个道理。古代的住宅建筑，特别是四合院，大门内外都会设置影壁墙，用来阻挡从屋外呼啸而来的气流，使其流速与住宅内部空气的流动速度相协调。

不同的居住环境的能量场是不一样的，不同的能量场对人产生的影响存在明显的差异。气脉好、生气旺的居住环境，可以提升宅主的综合运势、事业顺利、身体健康，万事如意；若气脉带煞，没有丝毫生气的居住环境，就会给宅主带来一连串的不顺与麻烦。

古代人通过巧妙地运用影壁墙，阻隔气流的冲击，人为地制造生气和扭转气场，达到趋吉避凶的神奇效果。

住宅大门正对大路或大街道，可采用影壁墙遮挡。影壁墙可以设在大门外，也可以设在大门内，其功能和作用均是挡风、避煞。

（2）玄关的作用

玄关原指从室外进入室内的一个过渡性缓冲空间，是进出门户的必经之处，属于住宅大门进入厅堂的咽喉地带。由于风水上调理的需要，后人把这个从室外到室内的过渡性空间称为玄关区，在这个小区域上设置类似古代房屋（特别指四合院）中的"影壁墙"，用于挡风与避煞，这个影壁墙现在就成了玄关的代名词了。

当代住宅中的玄关，是从古代住宅中的"影壁墙"演化而来的，它的作用主要是用来阻挡来自大门外强大气流的冲射，使从室外而来的气流速度减慢，令其与住宅内部气流达到相协调的效果；同时，可以遮挡行人窥探的视线，提高室内生活的私密性。

玄关是设置于住宅内，即从大门进入厅堂的一块小区域里，其面积不大，多数在 3~5 平方米之间，但是使用的频率很高，能给来访客人进入门户时留下深刻难忘的第一印象。玄关要设置在厅堂里，且位于距离厅堂门框大约 2 米左右之处，玄关与门框的距离也可以根据厅堂的大小而定。

在厅堂门口内旁近处设置玄关，不是把厅堂分割成若干个小气场，而是运用玄关阻挡来自室外的煞气，同时可以灵活地改变门向，调整生气的来路，使住宅处于一个良好的气场中，让居宅之人感到舒适、得意。从当代科学角度来说，住宅厅堂内设置了屏风，可使进入住宅的气流速度趋于缓和，接近于人体血液的流速，与人体气脉总体运行速度相近，令人产生舒服感，对人的身心健康有很大的益处。这就是设置玄关的真正价值。

别墅中设置玄关应注意的事项：

①玄关不宜太狭窄，应有五尺以上。

②玄关处不宜太阴暗，宜明亮。

③玄关不宜杂乱无章，不宜堆放旧物。

④玄关上不可挂镜子对着大门。

⑤玄关的顶部不宜设计八卦图案。正面和侧面也不宜设计八卦图形。

⑥玄关地毯宜放在外侧。

⑦玄关处不应乱放鞋子，应收藏好，摆放整齐。

⑧玄关上不宜随意摆放十二生肖动物，特别是不宜摆放与宅主生肖相冲的动物。

⑨面积太小的别墅，室内不宜摆放玄关。

（3）屏风的作用

屏风是指家居里摆放一种用透明或半透明材料制作的簿板式特殊家具,它不但有美化和装饰家居的作用,而且具有阻挡暗箭和煞气、遮蔽不良内局以及改变室内气流方向、活化气场的功能与作用。

由于屏风具有多种功能和作用，因此在使用上比较灵活，可以摆放在房间里，也可以放置于门口。在当代家庭里，屏风主要用来隔间和装饰，放置在房间的某个适当的位置，将房间分隔成两个独立的空间，可使居住的人互不干扰，各自拥有一个宁静的氛围；在居室门口放置屏风，可以阻挡来自室外的直冲气流，同时也可以起到装饰的作用。屏风的正面上可刻画各种各样的图案，如画些花鸟鱼虫或人物之类，其栩栩如生的画面能给人华丽、雅致的感觉；再在屏风下面配上一盆绿叶观赏植物，能令人感到居室静谧和温馨；屏风的背面上，可以作为挂衣帽之用。

屏风制作材质的选择相当重要，最好选用木质屏风，木质屏风包括竹屏风和厚纸屏风；塑料和金属材质屏风的效果都比较差，尤其是金属制的屏风，其本身的磁场能量很强，会使居室里的磁场不稳定，容易干扰人体磁场，给宅主带来不良的结果。

屏风的高度不宜太高，最好不要超过人站立时的高度，但不应低于人的视线。太高的屏风，其重心不稳，容易给人压迫感，造成心理负担。

从风水的角度来说，色彩是可以开运的，如果屏风的色彩运用得合理，那么家里摆放屏风也是改善运气的一个简易方法。屏风的颜色，应根据摆放方位的五行属性来论定，东方与东南方的五行属木，屏风颜色以绿色和红色、紫色为佳，可增强家庭财运，同时有利于男人的事业运和家人的身体健康；南方五行属火，屏风颜色以红色、紫色或淡黄色为佳，能给家人带来名利双收的好运；北方五行属水，屏风颜色以天蓝色和绿色为佳，可提高人的智力，增强读书的运气；西北方与西方的五行属金，屏风颜色以白色和金黄色为主，有利增强家人的贵人运和事业运；东北方与西南方的五行属土，屏风颜色以黄色为主，可大大地增强家庭的财运。

16. 客厅悬挂图画的作用和喜忌

在别墅客厅墙壁上悬挂名人、艺术家创作的字画或寓意特殊的山水景画，不仅会提高家庭的品位，增强家庭内部的生气和活力，还能对家庭成员的财官运起到扶助作用。但不同图画的寓意和蕴藏的能量也有区别，有些图画寓意吉祥，能给家庭输入荣华富贵的信息，而有些图画寓意阴险，容易给家庭带来无端的凶祸，因此在客厅里悬挂图画时必须注意选择。

（1）适宜在客厅里悬挂的图画

①青龙图

龙不仅可以招贵人，还能压煞，除掉是非小人，在客厅中悬挂绘有青龙、金龙的图画，能给家庭增添瑞气。挂青龙图，龙头必须朝内，不宜朝外；青龙图应挂在客厅的左边墙壁上（即青龙位）不能挂在右边（即白虎方），否则暗示龙虎相斗的凶象。

②骏马图

客厅里摆马，象征飞黄腾达。"骏马朝外为求财，龙船入港进财货"，这句话的意思是：在家里摆放马的塑像，马头朝外寓意出外求财；在家里摆放龙船，船头朝内寓意财宝进屋。在客厅中悬挂骏马图，不能将图画上骏马的头部朝向屋里，要将马头对着客厅的门。东方悬挂骏马图，象征事业兴旺发达、顺利。

③凤凰图

凤凰鸟，雄性称凤，雌性称凰。凤凰同飞，是美满、和谐的象征。凤凰作为一种瑞祥的鸟类。在客厅中挂凤凰图，象征资财丰富、家庭美满。

④九鱼图

九鱼图是一幅绘图有九条鱼的图画。"九"是取长久、或年年之意，"鱼"是取万事如意、有余之义。九鱼图是有大吉大利意义的装饰图画，在客厅里挂九鱼图，象征财帛丰盛，年年有余。

⑤三羊图

三羊图是一幅绘有三只羊的图画，俗称"三羊启泰"或"三阳开泰"。羊图的寓意是招来吉祥、带来好运。在客厅里挂三羊图，可以招来平安、吉祥，凡事顺利得意。

⑥雄鸡图

雄鸡有五德，即文、武、勇、仁、信，是一种辟邪吉祥物。雄鸡善斗，鸡目能辟邪，在客厅里挂雄鸡图可消除桃花劫，特别是雄鸡展翅图的效力更大。

⑦蝙蝠图

"蝠"与"福"同音，蝙蝠是好运气与幸福的一种吉祥象征物。两只蝙蝠画在一起，一为单为缺，二为双为全，表示求全、求吉祥，追求美好幸福的意思。画有五只蝙蝠的图画，叫做五蝠图，表示天赐五种福，这五福就是长寿、富裕、幸福、美德和健康。五蝠图适宜老年人使用。蝙蝠的形状似老鼠。在客厅中挂蝙蝠图，象征福、禄、寿三者齐全。

⑧猛虎图

老虎是猛兽，有驱邪避煞的威力，有人把猛虎图挂在客厅用于镇宅。其实，在客厅里挂猛虎图，大多都招致血光之灾，尤其是虎头向屋内者大凶。下山虎都是饿着肚子要伤人的，上山虎不妨。虎画中有虎形，就会有虎灵，尤其是名人所画之虎更是威猛无比，因为名人是带有强旺的气场的，名人在画虎时意念已全部投入，其心中的老虎愈威猛，所画的老虎就愈神气、愈凶猛，因此在家中挂猛虎图画要注意。

如果在客厅挂老虎画，本属于不吉之象，会影响宅主的身体健康和造成血光之灾，特别是将虎头朝向屋内，更是凶险无比。但如果别墅主人在公检法机关当官或者是部队的军官，可以在自己家庭的中堂处挂虎画，有雄霸天下，威震四方的功效。

⑨风景画

至于风景画方面可以挂些"日出"、"湖光山色"、"牡丹花"等等。它们能在你疲劳时给你带来松弛舒适之感。

（2）不适宜在客厅悬挂的图画

①狮子图

狮子与猛虎一样，属于凶猛动物，可驱邪制煞，还能给人带来名誉、地位，但也会给人带来血光之灾。

②不宜挂太多的人物肖象画，否则会令人的情绪反复无常，心理不平衡，容易使人神经过敏。

③不宜挂日落西沉的图画，否则会使人意志消沉，缺乏生命活力。

④不宜挂瀑布和江河奔腾咆哮之类的图画，否则会使主人运气

反复无常。

⑤不宜挂红色份量太多的图画，否则会使人脾气暴躁或意外受伤。

⑥不宜挂飞鹰图画，否则会使主人精神不聚中，心思会往外飞，还会招致口舌是非。

18. 客厅里山水定位法

风水学中有一条非常重要的原则，就是"山管人丁，水管财禄"。这条风水原则启示人们：自然界中的"山"与"水"是人类居住环境中不可缺少的元素，只有把房屋建在有山有水的地方，才能营造丁财两旺的居住环境。

居住环境中的山水，有自然形成的，也有通过人工设计营造的，如房屋外部天然形成的山峰、土丘和河流、池塘，庭院和客厅中通过设计布置的山石、人造假山和人造水池、水景等。古代人建造房屋，大都偏重于屋外山水的自然分布，特别重视河流、池塘的方位和形状，很少考虑通过人工营造山水来增强风水信息的能量，以达到催财旺丁的效果。随着人口的不断增长和社会的发展，无论是城市还是农村，由于土地的平整和被广泛利用的原故，造成了天然的河流、池塘日渐减少，人们对自然山水美景的利用和享受已远远不如从前了，只好在房屋里布置假山、水景，以满足丁财齐旺的心理需求。

笔者在长期的风水勘察和调理实践中，曾给无数家庭设计布局过山水，取得了在屋内布置山水的经验和方法。

若想在别墅客厅摆设山水，用以催丁旺财，那么必须首先要把丁位和财位找出来，然后在丁位上布置山的能量场，在财位上布置水的能量场，这样就能达到丁财两旺的理想效果。

（1）布置山能量场的方法

在别墅客厅中布置山，是指摆放磁场能量较强的天然山石或人造假山，或在客厅墙壁上悬挂以山地为题材的山龙气脉图。

在客厅的中堂处（靠山位），摆放山石、假山或悬挂山龙气脉图，可以招贵人，又可以旺丁气，能收到一举两得的功效。

若别墅客厅的窗户过多而且窗的面积很大，导致宅里磁场不稳漏气，宅主心乱如麻，小孩在家中呆不住，喜欢往外走，那么可以在较宽阔的窗户下面，摆放一块体积较大的天然山石，把不稳定的磁场镇住（也可用龙血树盆栽镇住），防止内气外漏。

若客厅中有后门通往阳台，导致屋内磁场不稳无靠山，就在台阳上摆放一块大山石或人造假山镇住，这样不仅可以稳住内气，使家人的情绪趋于稳定，还可达到旺丁的效果。

虽然山石和假山摆放在屋内，可以起到旺丁的作用，但是千万不能把山石、假山放置客厅的中心位置或门口近处，否则容易损丁破财。

（2）布置水能量场的方法

在别墅客厅中布置水位，既可以美化家居，又能收到怡情养性、招财和化煞的功效。家庭里设置水位，主要是指在客厅中布置人造水景和养鱼二大类。人造水景包括风水轮（风水车）、风水球、雾化盆景、鲤鱼跃龙门水景以及大海水景、河流溪涧之类的山水画；养鱼包括饲养金鱼、金龙鱼、银龙鱼等等。

要将水位设置在东方、东南方、北方或西南方，可使家庭物质生活日渐好转、事业顺利发展。水位设在东方，是事业成功、顺利的象征；水位设在东南方，是钱财丰盛和生活富裕的象征，同时也增强文昌运；水位设在北方，可旺读书运；水位在西南方（八运），可旺财。另外，水位设在进门左右的斜对角位置，既可以调节屋内磁场，又可以催财。

（二）卧室风水

卧室是家人养精蓄神的地方，对于日益注重生活品质的当代人来说，卧室的布局一定要突出安静性和稳密性，它坐落的位置和采光、通风以及床位的摆放等，都应做认真的考虑。

1. 别墅中卧室的位置与格局

（1）位置

最有利于成人设置卧室的位置是别墅的西南方和西北方。一般地说，家庭中男主人持家，可以在西北方设置客厅，在西南方设置卧房；若是女主人当家，则可在西南方设置客厅，在西北方设置卧室。

西北方与西南方的能量，都能够提升主人的成熟度和责任感，客厅主官贵，卧室主钱财，而西北方是权威和势力的象征，西南方具有承载万物的容量，是财源和财库的象征，最吉利的配置是在西北方设置客厅，在西南方设置卧室。这种配置，不管家里是男人当家还是女人掌权，都能让他们气概高昂，责任心增强，必定会得到家人的尊重、信赖和拥护。

别墅住宅的北方位置比较平静，北方又是北斗七星所在地，一般地说，在这个方位设置书房是最为理想的，但是北方的能量对失眠者养精蓄锐有特殊的效果。因此，在北方没有设置卧室，最适合学者和从事技术研究的文化人居住。在北方设置卧室兼书房的格局，既有利于人养精蓄锐，怡情养性，又有利于人读书、学习，但其空间设计要宽阔，北边一定要有门或窗收纳大自然赐予北方的能量。北方设置卧室兼书房，最适合家中正在上学的小孩居住。

东方和东南方是太阳升起的地方，阳气旺盛，充满生机和活力。在这两个方位设置卧室，能培养人的智慧，提高人的观察能力，增强勇于挑战的胆量；能使人的运气得到提升，做事一帆风顺，宁造出令人羡慕的幸福、美满的人生。特别是睡在东南方卧室的人，无论是干哪一种行业，都能得到朋友或亲戚的帮助，运气好，做事顺利，只要自己认真去做，就一定能够取得成功。东南方设置卧室兼书房，最适合家中正在上学的小孩居住。

南方是吸收太阳能量最多的方位，光线强烈，容易使人睡眠不足，导致精神失常、目疾和心律紊乱等症，但南方的热能可以开发人的灵感，增强人的观察能力，培养人的创造才能。生于冬天的人，命中五行缺火，若长期居住在南方卧室，就可弥补命中五行的不足之处。五行之中，火是特殊的元素，忌者要远离，喜者可用来作为补剂，请切记之！

东北方，虽然寒冷，但宅具有激发男性奋发向上的热情。若能通过合理布局，那么东北方卧室对家中的男孩子特别有利，长期居住于此，一定会富有侠义心，成为一位有热血的好心人。

家庭成员选择卧室方位的方法有很多种，有的运用八宅法东西四命理论来选择，有的根据家人命局五行喜忌来选择、有的只依据个人的生肖来选择，有的依据易经八卦与六亲关系来选择卧室等等。纵观风水历史，这些方法都有用场，并且都能满足人的心理需要。依据易经八卦方位属性与六亲的对应关系，能给家庭安排卧室的具体方法是：从整体房屋的中心看方位。家庭主人夫妇应该居住于西北方或西南方卧室，若夫当家而妻随夫，则可把卧室定位于西北方，若妻掌权而夫随妻，则可把卧室定位西南方；长子居住东方卧室，而长女应居住东南卧室；次男居住于北方卧室，而次女应居住于南方卧室；三男居住于东北方卧室，而三女应居住于西方卧室。

（2）格局

这里所说的格局，就是指别墅上下层结构的内部功能空间的设置。

别墅客厅和卧室的设置不宜犯阴阳颠倒，这就是要求一定要把客厅设在别墅整体的前端，将卧室设置于后面，让人一进入别墅就置身于客厅。若将卧室设置于前端，而把客厅设置于后面，进入客厅必须经过一条长长的走廊，那么就犯了阴阳颠倒的毛病，这种格局会给宅主的财官运打大折扣，属于伤官退财宅，但是，有一种情况是在别墅的前端设置过厅，一进入大门就置身于过厅里，过厅的左右两旁都是卧室，进入大门后沿着过厅往内走一段才到客厅，这种格局是吉利的，不要把它与退财宅混为一谈。

在上下层结构别墅中，要厕所设置在上下相叠的位置上，千万不可将上层的厕所设计在下层卧室的上面，否则等于有人在下层卧室主人的头上拉屎，意味着主人运气倒霉，身体上有暗病，头晕，神志不清等等毛病。在下层厨房位置的上方不宜设置卧室，否则相当于人睡在煤球火炉上面，这种格局称为蒸笼宅。睡在卧室内的人，极容易发不明脾气，心急，情绪不稳定，运气特别差。

各层中的卧室门，都不宜正对着厕所门或厨房门，也不宜对着屋内直长的走廊。卧室门也不能互冲。室内的卧室门要一样大小，不可有的卧室门大一点，有的卧室门小一些，一般高2.1米，宽0.9米左右较为合适。室内面积要有大小的区别，别墅家庭中主人的卧室要比老人、小孩卧室大一些，这样才能体现出主人在家庭中的地位。

在卧室内不宜设置厕所，否则污秽和潮湿的空气会弥漫卧室，对主人的身体健康会造成极大的影响。

卧室门上面不能有横梁压顶，否则主人运气低沉，事业不顺，身体容易生病。

2. 床位的摆放

床是卧室中最为重要的家具，床位的摆放十分重要，一般需要考虑以下几个方面：

（1）床的高度一般以略高于就寝者的膝盖为宜。床底宜空，不可贴地面。床底下面不宜堆放杂物，否则不通风，易藏湿气，导致腰酸背痛。

（2）床位不宜正对着卧室门，床头不能靠门或背门，否则从门口吹进卧室的风会对睡在床上的人造成影响，心绪不宁，容易生病。

周易与家居环境

床背门，容易受到干扰和惊吓。

（3）睡床与卧室墙壁应保重直或平行，不宜把床斜着放在卧室中，可以避免室内动线给人带来不利的影响。

（4）睡床最好有一对床头柜，并且床头柜要此床高出二寸，但也不宜过高。床头柜比床高，可以提高睡民质量，增长睡眠者的智慧，增进夫妻感情。

（5）床头上方不宜有横梁压顶，床头上方不宜挂室内分体空调机，否则会给主人造成压抑感，运气不顺，还会损害人的身体健康。

（6）不宜让别人家的灯光通过窗户射击到床头上，否则会降低主人的睡眠质量，同时容易招来盗贼窥探。

（7）床最好是南北朝向，朝东也可以不宜朝西。

床头朝南或朝北，顺应地球磁场引力，有益于人的身体健康。因为人体血液循环系统中，主动脉和大静脉的走向与人体的头脚方向一致，如果人在睡眠时，身体的头脚为南北方向，那么主动脉和大静脉的朝向与地球南北磁力线方向保持一致，可以避免地球磁力线对人体主动脉和大静脉的切割，人最容易入睡，而且睡眠质量也相当高，其有一定的防病效果和保健作用。

最不利的是床头朝西，因为地球总是一刻不停地由东向西自转，若床朝西方，人在睡眠时头部必朝西，血液就会朝着头顶部位直冲，那么人的睡眠质量不高，容易发生头晕眼花的现象。

床头朝东，虽然不如朝南北理想，但是至少可以使人有安宁的感觉。

（8）床头不能挨着卧室的卫生间、厨房的隔墙，也不宜挨着背面摆放电视机的隔墙。否则卫生间浓重的水磁场会使人头脑昏沉，神志不清，睡觉起来后感到头重脚轻，颈项僵硬，容易生暗病；厨房和电视机带有高强度的热能，容易使人心情烦躁、精神紧张和头痛。

3. 卧房最忌摆放的花卉

（1）水仙花：水仙花的茎就含有拉丁可毒素，叶和花的汁液接触到人后会导致皮肤过敏红肿。

（2）夜来香：夜晚时分，夜来香会停止光合作用、消耗氧气，并排出二氧化碳，对人体健康极为不利。如果长期把它摆在室里，就会导致人头昏、咳嗽甚至气喘失眠。

（3）杜鹃花：颜色不同的杜鹃花含有不同的毒素，黄色花的植株和花含有较强的毒素，人接触后就会中毒；白色花含有四环二萜类毒素，人接触后会发生呕吐、呼吸困难、四脚麻木等症状。

（4）郁金香：郁金香的花中含有毒碱。人在花的旁边待上一两个小时就会感到头昏脑涨，严重的可导致中毒。

（5）一品红：这是一种毒性很强的花卉，全身都是毒，特别是茎叶里的白色汁液能引起人体皮肤红肿，产生过敏反应；若人误食其茎叶，就会有中毒死亡的危险。

（6）含羞草：含羞草含有一种碱性物质，可引起与其接触较多的人眉毛稀疏、头发变黄，严重的还会导致头发脱落。

（7）万年青：叶色先奇绿，而后呈艳红，观赏价值较高。但万年青的花叶内含有草酸和天门冬素，枝叶的汁液也含具有很强的毒性，一旦触及人的皮肤，奇痒难熬。尤其是果实的毒性更大，误食后会引起人的口腔、咽喉肿痛，甚至伤害声带，使人喉声哑。人畜误食，还会造成生命危险。

（8）南天竹：又名天竹，全株有巨毒。它的体内主要含有天竹碱、天竹甙等。人误食后即会引发全身痉挛、抽搐、昏迷等中毒症状。

（9）玉丁香：又名丁香牡丹，它的叶片色绿，形似桃叶；它的花朵逐层开放，香味沉郁芬芳。在室内长时间嗅闻其芳香气味，会使人精神萎靡，气喘乏力。

（10）仙人掌：仙人掌有掌、球、柱、鞭等形状，千姿百态，极富观赏价值。但仙人掌翠绿多刺，刺中含有毒，若人体被其刺划伤，会引起局部红肿、疼痛、瘙痒等过敏性症状。

4. 卧室里招桃花的方法

如果是单身或未婚的男女，可按照居住房门的方向，在卧室内摆放花瓶招桃花。现将具体方法介绍如下：

（1）若房门开在正东方卯位、西北角亥位向北方或西南角未位向南方，那么花瓶放在房间内正北方子位上摆放花瓶，可以招桃花。

"亥卯未，鼠子当头忌"，原指亥卯未年出生的男女，桃花位是正北方的子位。若亥卯未年出生的未婚或单身男女想招桃花，均可在卧房内的正北方子位上摆放花瓶招桃花。在花瓶里放入清水并插上鲜花（不插鲜花也可，但必放入清水），三个月后即可发生磁场效应，必有异性主动上门找自己谈情说爱。如果亥卯未年出生的男女，其卧房门又开亥卯未位置上，那么在正北方子位摆放花瓶，招桃花的力度就会倍增。凋谢和枯萎的花不能招桃花，还会败坏桃花风水气场。

（2）若房门开在正西方的酉位、东南角的巳位向南方或东北角的丑位向北方，那么在房间内的正南方午位上摆放花瓶，可以招桃花。

"巳酉丑，跃马南方走"，原指巳酉丑年出生的男女，桃花位在正南方的午位。凡是巳酉丑年出生的单身或未婚男女，均可在正南方午位上摆放花瓶招桃花。若巳酉丑年出生者居住的房间门也开在巳酉丑三个位置上，那么在正南方午位摆放花瓶等招桃花的物品，招桃花的力度就会大大增强。

（3）若房门开在正南方的午位、东北角的寅位向东方或西北角的戌位向西方，那么在房间内的正东方卯位上摆放花瓶，可以招桃花。

"寅午戌，兔从茅里出"，原指寅午戌年出生的男女，桃花位在正东方的卯位。凡是寅午戌年出生的男女，均可在正东方卯位上摆放花瓶招桃花。若寅午戌年出生者居住房间的房门也开在寅午戌三个位置上，那么在正东方卯位上摆放花瓶等招桃花物品，招桃花的力度就会大大增强。

（4）若房门开在正北方的子位、西南角的申位向西方或东南角的辰位向东方，那么在房间内的正西方酉位上摆放花瓶，可以招桃花。

"申子辰，鸡叫乱人伦"，原指申子辰年出生的未婚或单身男女，桃花位在正西方的酉位。凡是申子辰年出生的男女，均可在正西方的酉位上摆放花瓶招桃花。若申子辰年出生者居住房间的房门也开在申子辰三个位置上，那么在正西方的酉位摆放花瓶等招桃花物品，招桃花的力度就会倍增。

注：房子的桃花位是以门的方向来决定的，人的桃花位是人的出生年生肖确定。如果房子的桃花位与房子主人生肖的桃花位重合时，那么在这个桃花位上摆放花瓶、鲜花或招桃花物品，其招桃花的力度就会相当大。

（三）厨房风水

1. 厨房的位置

厨房不宜设在住宅的西北方、西方和南方，也不宜设在北方、东北方和西南方，别墅中设置厨房，最忌讳的位置是整体住宅的西北方，其次是西方。厨房建在西北位置，容易对家人的身体健康带来很大的隐患，男主人容易患高血压，女主人容易患上妇科疑难杂症。特别是家里的男主人当官后绝对不能在西北方设厨房，否则这个当官的男人就会被罢官，易犯小人，身体上还会患上高血压病症，还容易发生意外的灾祸。欲求官的人，住宅的西北方位置绝对不能安厨房，否则在求官上会带来很大的阻力，事业运就会大大地下降。西方设置厨房，给家人造成的影响与西北方设厨房的情况基本一样。厨房最宜设置的方位是东方和东南方。从四兽方位来说，厨房在住宅大门的左方（青龙方），是全家人的财库，不但财运好，人的身体也健康；若厨房在住宅大门的右边（白虎方），那么不但败财，还会影响人的身体健康，特别是男人肺部容易生病，女人易得妇科病，易招小人陷害。如果把厨房设在住宅大门的左边，男人掌管家权，是第一把手，而女主人是第二把手；厨房设在住宅大门的右边，女主人掌管家权，是第一把手，而男主人是第二把手。

从房屋格局来分析，厨房应当设置在房屋的后方左右二侧，不宜将厨房设置在房屋的前方。若把客厅设在房屋的后方，而将厨房设在前方，一进入别墅大门就会首先见到厨房，这种格局犯了阴阳颠倒的毛病，会使主人夫妻感情不和，还会使女婚姻不顺，属大凶之象。

2. 厨房门朝向的弊与利

别墅中厨房门不宜朝向正南方，更不宜朝向正西方和西北方。厨房门朝向正南方，家人容易患目疾和心脏病；厨房门朝向正西方和西北方，家人容易患呼吸系统疾病、肺病哮喘等症。

厨房门最宜朝向别墅的北方、东方和东南方。厨房门朝向北方获吉的前提条件，是厨房必须设置于别墅住宅的东方或东南方位置。

3. 炉灶的朝向和位置

炉灶的方位一般随厨房的位置而定，如厨房处于东方或东南方，炉灶设于厨房里，那么其位置也必定在东方或东南方，以大太极点来论。

当炉灶的吉利位置选定后，就要确定炉灶的最吉利的朝向。炉灶不宜坐东南向西北，不宜坐东向西。

炉灶压在西北方的乾位或压在西方的酉位，均属大凶之象。厨房里蕴藏着一个家庭财运的能量，这种不利的情况，不仅会压制家长的运势，还会使家庭退财。因此定灶位和灶向时千万要小心，不可有丝毫的马虎大意。

（四）餐厅风水

1. 餐厅的位置与朝向

从八卦方位来论，别墅的东方、东南方和南方最适合设置餐厅。特别是东方和东南方，吸纳太阳热能中最吉祥的气场，充满浓郁的生机和活力，因此东方和东南方是设置餐厅的最佳位置。

从别墅格局上来论，餐厅应当设在别墅的中心位置，最好位于客厅和厨房之间，这样布局可以增进夫妻和家庭关系的和谐。

餐厅的最佳朝向是坐北向南，因为坐北向南的空间光线充足，家道将会日益兴旺。

2. 餐厅里不宜挂祖先画像或摆放古董物品

祖先画像和古董物品都属于阴性物质，最好不要把这些东西放在餐厅里，否则阴气太重，会损害家运。餐厅的布置力求达到阴阳平衡，略偏于阳比较好，但要注意掌握分寸，因为阳气太盛又会造成家庭失和。

3. 餐厅里家庭的偏财位

由于餐厅是家人进食的区域，跟家庭的财富有着密切的关系，应采用适当的装潢和放置植物以增加能量，增强家庭的阳气和财富。

餐厅里适合摆放福、禄、寿三仙，象征健康、财富和长寿。也可以摆放代表富贵的橘子以及代表长寿、健康的桃子，摆放石榴象征多子多孙。在餐厅里贴挂水果或食品图画，也能带来好的运气。

（五）书房风水

家庭书房是供家人读书学习和收藏图书的空间。现在，随着社会物质生活的提高，人的居住条件也在不断地改善，越来越多的家庭都能拥有一间独立而不受外界干扰的书房。

书房是人的灵魂寄托的地方。进入书房一看，基本上就明白了；

人的政治思想水平，经商能力和经营管理能力强不强，人的能耐有多大，都可以从收房的布局与摆设看出来，因为人的政治活动和事业策划多半是在书房里进行的。

1. 书房是桃花重地

无论男人还是女人，书房都是一个桃花重地，书房里不能摆放鲜花。若在书房里放一束鲜花，那么桃花病就会光临书房，剥夺自己的灵魂，使自己饱尝失恋的滋味。特别是在当今社会，上网找朋友聊天，找情人聊天，都是在书房里面进行，这更加体现了书房是一个桃花重地。

书房是家庭中一个最大的桃花位，未结婚的男女一定要有个书房，并且经常会在书房里给你的异性朋友发信息，或在书房里用手机或电话与你喜欢的异性朋友聊天，你们之间的感情就会渐渐地升温。结婚过的女人，为加深夫妻之间的感情，使丈夫不到外面沾花惹草，就要在书房里面插一些鲜花，再安上一个黄色小灯泡，可以增加夫妻感情。

书房对人的影响相当大，若想使书房对人产生积极的作用，就必须选择好书房的方位，并且要把它装修好，否则就会对人起反作用。

2. 书房的位置

家庭中设置书房的最佳位置是北方。北方是北斗七星的位置，同时北方五行属水，水主智慧、主聪明，如果把子女的书房安排在北方，或在北方安置子女卧房，头朝北方睡觉，都能把智慧发挥出来。

设置书房第二个吉利的位置是家宅的东南方。东南方处于青龙与朱雀之间，是文昌星的位置，在东南方设置书房，兼卧室，对孩子的读书、学习和健康都非常有利。

3. 书房催旺物品

为了提高主人头脑灵敏度和思维判断能力，可以在书房里摆放一些风水物品。

①文昌塔

在书桌上摆放一个文昌塔，可使人头脑灵活，可提高记忆能力，可促进勤奋学习、读书进步。文昌塔有三层、五层、七层、九层和十三层几种，常用的是七层、九层、十三层。不同层数的文昌塔蕴藏的能量是不同的，每一种都要结合具体的人而使用。

②毛笔

毛笔长而且尖，具有文峰形状的特点，能增强文昌的力量，使人的头脑聪明，有利于思维，有利于读书进步。

把四支或五支毛笔插在笔筒里，摆放书房中的学习桌的青龙位上，可以增强文运，促使学术成功并享有很高的知名度。

（六）卫生间风水

卫生间包含厕所、浴室和洗手间三个部分，它是一家之人排泄废物、缓解生活压力、消除身心疲惫的重要场所。

1．卫生间位置

从客观上来分析，卫生间中的湿气和秽气都属于阴气，会对人的身体健康产生极大的影响，因此卫生间在房屋中的位置十分重要。

（1）有利位置

别墅住宅卫生间的最佳方位是大太极的北方，同时又必须避免与家庭成员生年地支相冲的方位。从住宅中心看，卫生间的马桶要避开北方中心 15 度子字位置，最好处于北方的癸位和东北方的丑位，但必须避开东北方中心 15 度的艮字位置。北方的壬位也是适合建造卫生间的有利位置。这里所说的只是要求"坐便器"或蹲便器"不能压在北方的子位和东北方的艮位，如果原设计已经把"便器"安置在这二个忌讳的方位上了，那么只要移动"便器"即可避凶了，不须改建卫生间。

西方设置卫生间也是比较合适的，主要是把"便器"安置于西

周易与家居环境

方的庚位和西南方的申位处，西方的辛位也可以安"便器"，但必须注意，不要犯西北方的戌乾位置。西方的酉位不宜安"便器"，但是如果卫生间的面积很大，那么就可以把整个西方设置卫生间，只要"便器"不落在西方中心15度酉位即可。

（2）不利位置

别墅的中心点是"宅心"，也就是住宅的重心，相当于人的心脏部位，如果把卫生间设置在别墅的中心位置，可称为"水冷心"，那么家人的身体健康极容易出现问题，特别容易患心脏病和肠胃系统疾病。这一点不难理解，相宅如相人，家宅某个方位出现毛病，那么这个方位所对应人体的部位也会出现毛病。再者，如果把卫生间设置在别墅的中心位置，这个位置的通风、换气、采光、除湿和排水等功能都极差，那么居住时间长久了，卫生间里容易滋生细菌和病毒，对家人的身体健康将带来极为不利的影响。

客厅和卧室的门内的两边，距离门框约三步远的左右两边不能安置卫生间，否则潮湿和污秽之气会随行人弥漫全屋，影响身体健康，也会影响财运，严重者甚至造成夫妻反目。特别是一进客厅门，左边是厨房，右边是卫生间，卫生间的门对着厨房门，这样的格局是大凶的。厨厕两门相对，家人容易患肺病和咽喉炎，易招小人陷害。

卫生间的门不宜与卧室门、书房门或厨房门相对冲。

别墅的中堂位置不宜安卫生间。这里所说的中堂，也就是指住宅的靠山位，福、禄、寿三星会聚于此，属于家庭中的总财位。"福"在左边，代表子孙，设置卫生间必伤丁；"禄"在中间位置，代表官位，如果一开门就面对着中堂位置的厕所，那么这主人就不能当官，即使已经有了官位，也会被这个卫生间破掉，因为住宅的靠山风水被破了。"禄"位代表家中男主人的官位、事业和财运，男主人有没有官当，事业旺不旺、能不能往上发展，财运好不好，都可以从中堂风水看出来。凡是住宅靠山位处有卫生间、有门通往阳台、有窗口，都叫做"靠山横空"，即没有靠山。特别是卫生间中的"便器"安在"禄"位上，不仅男主人的事业不顺，没有官当，没有财气，还会招来病灾和伤灾，家里老人也会有伤病灾。最右边的是"寿"位，若此处风水不好，那么家人身体容易生病。靠山位设置卫生间，"寿"位必空洞，相当于家人没有寿了。住宅的靠山位置有完整的一幅墙最好，福、禄、寿汇聚，大吉大利。

别墅卫生间中"便器"的朝向不宜与户门同向，也不能与卫生间的门同向。"便器"的朝向最好是与卫生间的门向重直或错开。

"便器"不能安在住宅大太极的子、午二位上，更不宜用子、午朝向。若"便器"安在北方的子位上，那么家中的男性容易患肾病、膀胱病、必尿系统失禁或前列腺炎等顽症；若"便器"安在南方的午位上，那么家人容易患上目疾和心脏病。"便器"坐子向午或坐午向子更凶，给主人带来的危害更大。

住宅的东南是文昌位，不宜安卫生间，否则小孩不好好学习，上课时不专心听讲，家里很难出高才生。但是，如果东南方设置卫生间，同时又设置厨房，那么五行循环相生，气场畅顺，可以自行化解卫生间产生的煞气，对家庭运气不会构成很大的妨碍。东南方设置卫生间，若没有厨房搭配调节，则为凶象。

西北是君位、家长位，是家庭男主人的天下，不宜在西北方设置卫生间，特别是"便器"绝对不能压在西北方的乾位上。西北方乾位，代表男人的头部，若在乾位上安置"便器"，就等于在家里男主人的头上拉大便；西北方是贵人位和家长位，若在西北方设卫生间，那么家中的男主人（掌门人）没有贵人扶持，运气很差，事业不顺，还会患上肾衰竭、糖尿病和泌尿系统等疾病。

（七）阳台风水

阳台是指房屋中由室内向外延伸的部分，是居宅内部采光、纳气及居宅之人呼吸新鲜空气的地方，也是屋内与大自然空间交换气流以及家庭晒晾衣物的场所。

由于人口的增长，紧张的住房很难满足人们居住的需要。过去一段相当长的时期，在城市的楼房住宅中，阳台在家居生活中往往只扮演着次要的角色，许多家庭只把阳台作为晒晾衣物的场所。但是，现在新开发的楼盘，设计宽阔开敞、优雅清新的阳台显得越来越重要了，它不仅可以做为一个大卖点吸引消费者，还能通过装饰来注入一些新鲜而生动的元素，成为家人乐于驻足的生活乐园。

别墅是当代新兴的一种款式新颖而且美观大方的建筑形式，阳台是不可缺少的空间。

1. 别墅阳台方位

从八卦而论，阳台应当设在别墅住宅阳气旺盛一面，通常以东方、东南方和南方为最佳方位。

从格局而论，阳台应当避免设在有道路直冲的方位，避免设在外部临近屋角冲射的方位或存在尖角事物等容易给住宅构成威胁的方位，不利设置阳台。有反弓路或反弓水的一面也不宜设阳台。

2. 阳台门不宜正对厨房门

阳台门不可正对着厨房门，否则应在阳台和厨房之间的动线上安装落地门，或用柜子、屏风作隔拦来遮掩阳台直通厨房的动线，以达到不影响居住者为原则。

3. 别墅阳台招财纳吉小技巧

阳台是室内和室外空间交换气场的地方，吉气与凶气均在阳台往返流动，若在阳台采取一些必要的美化措施，就能达到风生水起招好运的效果，对提升家庭的运势大有帮助。

如果住宅阳台一面有屋檐、墙角等外方煞气冲来，就要在阳台上布置挡煞物品，避免煞气入屋伤人；如果阳台一面没有上述煞气，就利用风水布局小技巧，将路过阳台的吉气有效地收纳，以增补人体能量的不足之处，强化身体健康，使居室之人的运势日益趋于顺畅。

（1）风水轮和风水球招祥法

站在阳台面朝屋外，人的左手方为阳台的左方。在阳台的左方（青龙方），放置一个风水轮或风水球，风水球与风水轮滚滚的流水要朝家中流，可以招纳各路财气，充实家中财库。对官场运势也有帮助，既可以坐收财气，又可以招来贵人。

（2）水晶洞补强法

天然紫水晶洞，具有放射与接收磁场的能量。在住宅阳台上，放置一个紫水晶洞，对家宅的磁场能量具有补强作用。放置水晶洞的方位与水晶洞的尺寸大小没有禁忌，只要求在白天时将紫水晶洞口朝外，黄昏后要把紫水晶洞的洞口朝向屋内，让白天吸收的好能量散发到屋内。

  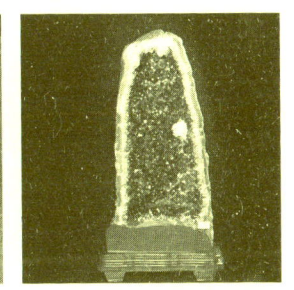

风水轮　　　　　　　　风水球　　　　　　　　水晶洞

（3）植物盆栽招吉法

在阳台栽种3至5盆柏树盆栽，具有招贵人的功效，尤其适合

周易与家居环境

从事商业或业务工作的人使用。种植几盆芙蓉、红玫瑰、麒麟花，也可以发挥招纳吉气的效果。

4. 阳台吉祥物的摆放方法

别墅阳台上，除了可以摆放植物外，还可以放置各类吉祥饰物来美化家居风景，达到生旺化煞的效果。在阳台上摆放吉祥物要以利己不伤人为原则，切勿滥用。

下面几种是对家居有益的温和饰物：

（1）石狮

石狮有阳刚之气，可以用来镇宅。摆放石狮镇宅，狮口必须朝向屋外，不能朝向室内。若阳台面对着办公大楼、大型银行等气势旺于本宅的建筑物，就可以在阳台的两旁摆放一对石狮来化解；若阳台正对庙宇、道观、医院、殡仪馆、坟场等阴气较重的建筑物，以及大片阴森的丛林，或有形状丑恶的山岗，就用一对石狮来镇宅。狮子的头部要向着这些煞气之物。

（2）石龟

龟是极阴柔的动物，其性精灵，擅长以柔克刚，是逢凶化吉的象征。用龟来化煞，符合风水学上凶煞宜化不宜斗的原则。

在阳台上摆放铜龟或石龟来化煞，用时提一对，两只龟的头部必须相对。虽然石龟与铜龟都是风水的化煞物，但各有不同的功效和用途。如果阳台面对高大的烟囱、红色的高楼大厦以及油库等五行属火的形煞，就宜用石龟化解，因为石龟五行属土，可以化泄五行属火的煞气。如果这些火性形煞位于住宅的南方，那么煞气的力量犹如火上加油，须在两只石龟的中间位置放一瓶清水，加强化煞的功效。

（3）石龙

不同的动物有不同的特性，龙是喜水的。在面向大海、湖泊或向水池的阳台上，摆放一对石龙，其头部必须朝向前面的海或湖泊，取其双龙出海之义。

如果宅主的生肖属狗，就不宜在阳台上摆放石龙，只能用龙龟或麒麟来代替,因为龙龟和麒麟这两种瑞兽均喜水,能够引财水入室，并且不冲克生肖属狗的人。

（4）麒麟

麒麟与龙、凤、龟合称为四灵兽，这是四种最有灵气的动物。麒麟的外形共有四种特征：鹿头、龙身、牛尾、马蹄。麒麟被视为仁兽,因为它重礼且守信,古代人认为麒麟的出现是吉祥降临的先兆。中国自古就有麒麟送子的说法，因此求生贵子心切的人家，往往会在向着大海的阳台上，摆放一对麒麟，希望能早得贵子。

（5）石鹰

如果住宅周围高楼林立，本宅处于林立的高楼中宛如鸡立鹤群，从阳台外望时，感觉已被重重包围不见出路，形成风水上的困局。居住在这种困局住宅中的人，很难脱颖而出，若想扭转局势，就在阳台的栏杆上摆放一只昂首向天、奋翅高飞的石鹰。鹰头必须朝向屋外，双翼切勿下垂，可收到预期的功效。在住宅阳台上摆放石鹰，有一点必须注意，若户主的生肖属兔，为避免犯冲，就不宜在阳台上摆放石鹰，因为鹰与鸡同类，五行属金，犯者必遭冲克。

（八）窗户风水

虽然窗户与门都是住宅吸纳自然光线和空气进入室内的主要通道，但是二者毕竟存在本质区别的。门相当于人脸部的嘴巴和鼻子，同时又好像人的咽喉；而窗户相当于人的眼睛，具有开阔视野、识别五色的作用。

房屋中的窗口可以把室外的气流引入室内，同时又能把室内污气吐出室外，可以开阔住宅主人的视野，还可以决定宅内气流的移动方向，具有多种功能和作用。

窗户最好能够完全打开，向外开的窗户最佳，不宜向内开。向

173

外开的窗户，一般有向下、向上或向两侧开三种情况，均不影响内部空间的使用机率，既能使大量的清新气流进入室内，又能把污浊空气挤压流出室外，而且可以避免窗角给人带来不便。

推拉窗是当代家居住宅普遍使用的窗户形式，比向外开的窗户更加方便、实用，不占用室内的面积，很值得提倡。

窗户的数量和大小要适中，才能保证家宅内外气流自由流通，达到吐旧纳新的效果，使人感到轻松舒适，有利于人的身体健康。如果居家住宅的窗户数量大多，那么就会扰乱平和的室内气场，导致房屋内部磁场不稳，容易使人的情绪紧张，精神难于集中；如果窗户太少，那么房屋的内气就会抑郁其中，无法吐旧纳新，对居住者的身体健康将会带来极为不利的影响。客厅或卧室的窗户太大时，容易导致内气外泄，不聚气，难于聚财；窗户太小，也会使居住者的视野狭小，日子长了，人的心胸就会变得狭隘、小气。

客厅的三面墙壁都有窗，为泄气宅，非经调整不可长久居住。

窗帘具有保护隐私、阻挡外界干扰及美化家居的作用。以窗帘的制作材料来划分，窗帘的种类有布帘、纱帘、竹片帘、胶片帘、铝片帘和木片帘等几种；从窗帘的使用方式来划分，可分为向左右两边拉开的帘、向上下拉卷的帘及固定不动的木片百叶帘等。

窗帘的花色与图案多种多样、千变万化，令人眼花缭乱。从原则上来说，阳光充足、强烈的窗户，宜用质地较厚、颜色较深的窗帘；阳光微弱、光线暗炎的窗户，宜用质地较薄而且颜色较浅的窗帘。

大房间中的大窗户最好使用布窗帘，特别是落地的长布帘能为房间营造一种恬静而温暖的气氛；小房间的小窗户，吸纳阳光的效果差，光线不足，因此最好选择能让大量光线透射入房间的胶片百叶窗帘；窗户正对着医院、尖锐的屋角或不洁之物时，且相距很近，那么最好在窗户上安装木片百叶窗帘。

（九）楼梯风水

楼梯是楼房或房屋的通道，具有把气从一楼引到二楼起到上楼房的功能，起着承上接下的作用。楼梯分为内楼梯与外楼梯两种。在复式别墅中，楼梯不仅是家宅中接气与送气的地方，也是很容易发生事故的地方，因此对楼梯的设计不能有丝毫的马虎和大意。

1. 楼梯方位

①楼梯是走道，属于路气、应设置在住宅的收水吉方，以生气方为最好。

②楼梯应设在别墅的青龙方位，不宜设在白虎方位。因为楼梯是动气，为动线，而白虎方忌动，动必伤人。屋内青龙方或屋外青龙方设置楼梯，均属大吉大利。

③楼梯应设在别墅住宅的前方，不可设在后方。因为前方喜动气，后方喜静气。

④楼梯是容易发生事故的地方，应靠墙而立。绝对不能把楼梯设在房屋的中心位置，也不能设在客厅入门左边的位置或客厅的中央位置。如果把楼梯设在整体房屋的中心位置或设在客厅的中央，容易导致家人犯口舌是非，财运低沉，严重者还会使夫妻反目、父子不和。

⑤别墅的靠山位置最忌讳设置楼梯。因为靠山位置是福、禄、寿三星所在地，是一宅之中的总财位，若在这个位置设置楼梯，那么中堂不聚气，家庭财运阻滞不通、家中钱财外散，导致家庭贫困的局促状况。

2. 楼梯台阶层数

别墅楼梯台阶的层数以单数为吉、双数为凶。单数又以三或五为尾数为上吉，因为三数代表天、地、人三才，五数代表五行流通之义。

3. 楼梯的种类

（1）螺旋型楼梯

　　螺旋型楼梯的优点是比较节约空间，而且盘旋向上给人的感觉较好，又有较强的艺术性。螺旋楼梯在室内应用中，以旋转270度为最好，因为旋转角度太小了，人在下楼梯时会给人坡度太陡和不安全的感觉，特别是家中老人和小孩走在楼梯上很不太安全。这种楼梯多数用于顶层阁楼小复式，大复式较少使用。

（2）折线型楼梯

　　折线型楼梯在室内应用较多，其形式比较多样，常见的有90度折梯和360度折梯二种。折线型楼梯的优点在于简洁、易于造型，缺点是它占用的空间较大。

（3）弧型楼梯

　　弧形楼梯是以一条弧线连接上下层楼的，其美观大方，行走方便、舒适，没有折梯那样生硬的感觉，也没有旋梯那样的不安全感，是最理想的楼梯形式。住宅里设置弧型楼梯，一定要有足够的空间，才能达到最好的效果，这也是独立别墅的首选。

螺旋型楼梯　　　　　　　　360度折梯　　　　　　　弧型楼梯

（十）别墅前庭与后院风水

　　庭院是指建筑物底层向屋外空间延伸的部分。庭院有前庭与后院之分，别墅前面院子称为前庭，后面的院子称为后院。客厅为别墅的内明堂，庭院则为外明堂，位于院子的前面称为前明堂，位于后面的院子称为后明堂。有一种特殊的住宅，夹在两条路之间，为了收纳住宅前后两条道路的路气，主人在房子前后都设院子，形成了一种特殊的住宅格局。一般情况下，前庭大门朝向较为宽敞的道路或平坦地面，而后院围墙上又开便门通往宅后，吸纳宅后的吉祥气场。

在通常情况下，别墅只设置前面的院子，但在长期的风水实践中发现，凡是有前庭与后院的别墅，其风水效应与单院子的别墅不同，主要是前庭与后院的功能及作用存在差异，因此住户都喜欢设置前后二院。

1. 别墅前庭风水

别墅前庭风水布置好了，不仅能美化家居环境，还能形成一个良好的气场，将给居住者带来好的运势。

别墅的前庭主财帛，代表主人财运亨通、生活美满。前庭的院子门，像人的嘴巴和鼻孔一样，可以把宅前的祥瑞之气吸纳到家庭中，对居宅之人的家庭生活和身体健康将带来很大的益处。前庭风水调整好了，不仅能美化家居环境，营造一个良好的气场，还能给宅主增旺财气，提高家庭的物质生活水平。

①前庭的方位

要建造一个好的庭院，首要问题就是要选择一个最为适合的方位，创造一个上佳的方位风水气场，才能给居住者的家庭生活和事业带来很大的帮助。

东方、东南方和南方，阳光充足，能使人心旷神怡，如果这三个方位有一定的空地，可以种植树木绿化，那么可以作为庭院主体位置来考虑。

②前庭山石布置

"住宅靠山而居，为大吉之象"，这是风水学上的基本常识。但是随着社会的发展和人口的快速增长，真正可以利用吉利的空间越来越小,因此在庭院中设置假山,成了"山景住宅"设计中的常用手法。

别墅的前庭中有山石,能使整个别墅有沉稳感,又能充满自然气息,但是山石的摆放方位要得当,才能给家庭起到增吉作用。前庭的西北方设置假山为大吉,因为西北方是天门,属于山的本位,会给人带来稳定感,有不屈不挠的寓意。若在西北方再配以种植树木,那么更有利于家庭的繁荣昌盛。在前庭的北方和东北方设置假山,也是非常吉利的,若能再配以一些树木,则会更加美观,而且能强旺家庭的丁气。

③前庭水体布置

别墅前庭里设计一些水体,可以达到美化环境的目的,同时也能收到滋养生命、招引财气和启迪智慧的效果。

前庭里可以设置的水体形式有池塘、泳池和喷泉等几种。

池塘

在前庭里设置池塘,并在其中饲养观赏鱼类、青蛙或水养植物等,可以维持生态平衡,改造住宅的生存环境,对调和阴阳有较好的促进作用。池塘的水体自然而亲切,对提升家运大有补益。池塘的形状最好为半圆形,位于东方或东南方大吉。

泳池与喷泉

泳池和喷泉的最佳位置,也是在前庭的东边或东南边,但应以远离院子大门为原则。形状以圆形和曲线形为佳,不规则的圆形也可,但绝对不能带有尖角。

④前庭花草树木布置

用花、山、水、石、鱼、鸟等点缀前庭,不仅能增添生活情趣,还能寄予人们很多情怀。在别墅前庭中种植花卉,不仅可以净化空气、抑制噪音与美化环境,还能陶冶人的情操,达到修身养性的效果。前庭可以种植的花草树木有:梅花、牡丹、菊花、兰花、杜鹃、茶花、水仙、桂花。

泳池　　　　　　　　　　　　喷泉

2. 别墅后院风水

　　住宅的后院是主人丁主贵和智能。若后院风水布置好了，那么宅主一家人丁大旺，人的智慧和能力也会大大提高。

　　住宅后院要保持清洁，才能提高子女的智能和聪明度。

　　住宅后院正中央不可设水池、水塔或养鱼缸，否则伤人丁、伤贵气。水池可以设在左边(青龙方)，但必须合乎旺运，否则不做为佳。

　　后院正中央和白虎方，不可安马达和震动机器，也不可安烧水炉，否则主人腰酸背痛。

　　后院正中央和白虎方，不可打水井，否则破财伤人，至少也会使人腰酸背痛。打水井，宜在青龙方。

后院正中央和白虎方，不可摆放洗衣机。

后院不宜堆放大量砖块、石器。

后院最好不要放养六畜，若要养六畜，应随时保持干净，否则易使家中怪病百出，难保平安。

后院不宜种大树，否则光线阴暗，采光不理想，家宅不平安。

后院不可种植太多的花果树，否则空气潮湿、阴气浓重。

后院不宜种植有刺的花草树木，否则会使家人腰酸背痛，易患怪异皮肤病。

后院围墙不可太高，能挡住外面人的视线即可，一般以 1.8 米为佳，既可以防止外人窥探家中情况，又可以守住财气。注意，后院围墙若低于 1.8 米，则很难守住家中财气。

后院地面不宜高出屋内地板面一尺以上，也不可低于屋内地板面一尺以上，否则不聚财，也不利丁。

3. 庭院放水原则

庭院放水应以不犯煞气、不伤主人为主要原则。传统风水学上的水法很多，最常见的有三合水法、玄空水法、九星水法、八卦水法、三元水法等几种，但真正能用于阳宅庭院放水，达到趋吉效果的只有二三种。

（1）庭院放水不可犯黄泉大煞。

黄泉水有杀人黄泉水和救贫黄泉水之分。

杀人黄泉水口诀：

庚丁坤上是黄泉，

乙丙须防巽水先，

甲癸向上休见艮，

辛壬水路怕当乾。

坤向庚丁切莫言，

巽向忌行乙丙上，

艮逢甲癸祸连连,

乾向辛壬祸亦然。

注解：

庚、丁二向见坤水为黄泉煞水。庚向可放坤水,丁向不可放坤水。

乙、丙二向见巽水为黄泉煞水。丙向可放巽水,乙向不可放巽水。

甲、癸二向见艮水为黄泉煞水。甲向可放艮水,癸向也可放艮水。

辛、壬二向见乾水为黄泉煞水。辛向可放乾水,壬向不可放乾水。

坤向见庚、丁二水为黄泉煞水。坤向可放丁水,不宜放庚水。

巽向见乙、丙二水为黄泉煞水。巽向可放乙水,不宜放丙水。

艮向见甲、癸二水为黄泉煞水。艮向可放甲水,不可放癸水。

乾向见辛、壬二水为黄泉煞水。乾向可放壬水,不可放辛水。

救贫黄泉水口诀：

辛入乾宫百万庄,

癸归艮位焕文章,

《八宅周书》放水吉方表

坐山八卦	二十四山	放水吉方
坎	壬	丙、丁、庚、辛
	子	甲、乙
	癸	丙、丁、庚
艮	丑	丙、丁、庚
	艮	甲、乙、坤
	寅	乙、乾
震	甲	丁、庚、辛
	卯	丁、庚
	乙	丙、庚、辛
巽	辰	午、癸
	巽	乾、癸
	巳	艮、辛
离	丙	壬、癸
	午	壬、癸、甲
	丁	乾、癸、甲
坤	未	丙、辛
	坤	艮、丙
	申	壬、癸、甲、乙
兑	庚	壬、癸、甲
	酉	丙、丁
	辛	乙、坤
乾	戌	甲、乙
	乾	甲、巽
	亥	丙、庚

（只用于阳宅）

周易与家居环境

乙向巽流清富贵，

丁坤终是万斯箱。

注解：

辛向见乾方去水，此为天劫出水，财源滚滚，家积钱财百万贯。

癸向见艮方去水，此为天劫出水，家中文昌大旺，子女头脑灵活，读书聪明。

乙向见巽方来水，家中富贵显达，后代会富贵双全。乙向不可放巽水。

丁向见坤方来水，家庭有余粮，节俭可以致富，小康转大康。丁向不可放坤水。

一般地说，立宅安坟犯了杀人黄泉煞水，家人就会有病灾、破财。运用黄泉水法，都以房的向首为坐标。例如乾山巽向，依据口诀"巽向忌行乙丙上"，意思是指立巽向的房屋，甲方为天劫，见甲方来水为黄泉煞水，甲位不宜放水。

（2）《八宅周书》放水法则，可做参考，不可全用。

4. 庭院开门放水罗盘使用法

（1）测量正门、侧门、后门、天井、厅堂、房床、厨灶，在房屋中央放罗经。若有隔间的时候，在住宅客厅内放罗经。

（2）测量外大门，在中门放罗经。若没有中门，就在正厅檐下滴水处放罗经。

（3）放水（测量排水沟出口）。门内的排水，在天井中心放罗经，重点在天井。

门外的排水，在门槛上放罗经，重点在大门。

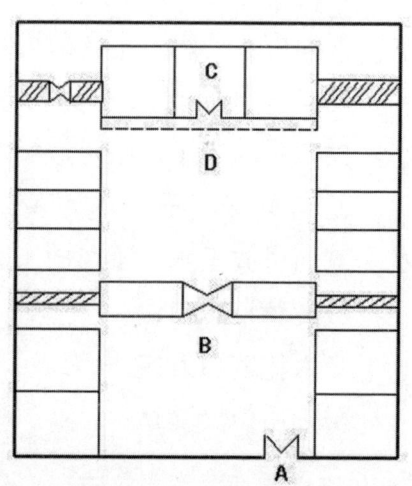

图中 A、B、C、D 四处表示的含义：A 处为外大门，在门限（门槛）上放罗盘，察看外围形势，决定排水方位；B 处为中门，在门限上放罗盘，决定外人门的方位以及外大门与中门之内的排水方位；C 处为厅门，在此处放罗盘，决定中门、天井、房床、厨灶的方位；D 处为天井檐下滴水处，在此处放罗盘，决定中门至厅堂之间的排水方位。

阳宅主体：古代京都以皇殿内城为主；当代国家首都以总统府、行政院、国会为主；省级城市，以省政府、市政府为主；县、乡、镇，以县政府、乡镇政府为主；大中小学校，以行政大楼为主；寺庙和祠堂，以神佛正殿为主；独户住宅以最高大的房子为主；大家庭一院同居数户者或家族大院，或住宅大楼、公寓居数十户者，均以炉灶为主。

第十章　八卦调理法

第一节　八卦定位养金鱼

一、金鱼缸的形状

金鱼缸的形状是根据摆放的位置选定的。

1. 圆形五行属金，圆形鱼缸最适宜。

若在住宅的中央、门口、西北方、西方、西南方养鱼，就可摆放圆形金鱼缺。

半圆形鱼缸或一头大而一头小的无规则半圆形（似猪肚状）的金鱼缸，适宜于住宅中的任何方位摆放。

2. 正方形鱼缸，五行属土

正方形鱼缸适合摆放于西北方、西南方、西方的墙边处。

3. 长方形鱼缸，五行属木。

长方形的金鱼缸适宜摆放在北方、东方和东南方，要摆放在墙边处。

4. 三角形、六角形或其他带尖角的无规则形鱼缸，因蕴藏的五行气场复杂，容易产生煞气，不宜摆放宅内养鱼。

二、鱼缸的尺度

鱼缸的尺度高低也很重要，在家庭摆放鱼缸，一定要计算它的高低尺度，不宜过高，也不宜过低。

鱼缸最高只能与人的心脏位置平衡，最低也要与人的膝盖部位平衡。

鱼缸过高或过低，都会对人的运程产生不利影响。鱼缸的高度过高了，缸内的水位就会高于宅主心脏的位置，宅主容易患心脏病或精神恍惚症，对财运也会造成不良的影响；鱼缸的高度过低，缸内的水位低于宅主膝盖位置，宅主容易患脚气病，而且鱼缸风水的灵动力也不强，难于推动宅主的运程向着吉利的方向转变。

三、鱼缸容器的选材方法

1. 庭院养金鱼

在庭院里养金鱼，可选用陶盆。陶盆内植水浮萍、叶莲等水生植物；盆口上面加盖铁丝网，以保证安全；陶盆内壁的颜色最好是浅色，不宜涂深色，也不要有花纹。

2. 室内养鱼

（1）鱼缸材质的选择

在室内养金鱼，适宜使用玻璃容器。用圆形鱼缸，从侧面看有放大金鱼的作用，小金鱼的长度取 4-8 厘米的效果更好。

用长方形鱼缸，鱼缸的容积会较大，可以养 6 厘米以上的大金鱼。若用长方形鱼缸，则在靠墙的一面贴一幅山水风景画做装饰，可收到锦上添花的效果。

（2）鱼缸内部的饰物

玻璃制的金鱼缸，可将细粒沙子洗净后，铺于缸的底部，设置一些卵石、假山小石块，还可以制做装饰类工艺品（如宝塔、亭台楼阁或小桥）于缸中，再在缸里种一些水草（如毛茛草、黑藻和金鱼藻）。凡是在金鱼缸里设置的饰物，都必须光滑、圆润、柔软，安置的高度应力求做到高低、疏密有致、美观大方；选择饲养的金鱼，无论是色彩、大小还是体态等方面，都要与鱼缸内部环境相协调。

（3）鱼缸安放忌讳

阳宅中的财位有喜水和忌水两种。金鱼缸的水性旺盛，五行属水室内摆放鱼缸必须选择喜水的财位上，切勿安在忌水的财位上。室里摆放金鱼缸的方位正确了，不仅能给家庭带来好的财运，还可给家庭注入生气，使宅主充满活力、精神爽快、身体健康。

鱼缸不能摆放在神佛的下面，特别是福、禄、寿三星像的下面绝对不能摆放鱼缸，否则容易导致家庭破财。

鱼缸不能正对着厨房炉灶，特别是厨房门、炉灶和鱼缸成一条直线更为不利，相当于犯了水火相冲的大忌，会对家里各人的身体健康带来极为不利的影响。

鱼缸不宜放在家庭电器的旁边，特别是不宜放在电视机的左右两旁，否则水气容易损坏电视机，电滋波和声响会造成鱼儿烦躁。

鱼缸不宜放置在日光强烈照射的地方，否则容易滋生藻类而造成水质恶化，导致鱼儿死亡。

鱼缸不宜放置在倾斜的地方或放在不稳固的架子上面。把鱼缸放在不安全的架子上，除了不安全的因素外，也会使家庭财运不稳。

鱼缸不宜摆放在床头，否则犯风水学上"淋头水"的大忌，容易使主人生头疼病，脑力会渐渐地衰退。

鱼缸不宜摆放在沙发的旁边，否则人坐在沙发上时，头部就会很接近鱼缸，容易犯"淋头水"煞。

鱼缸不宜在空中吊挂，应摆放在家里的低矮组合柜或桌上，最好制做鱼缸支架摆放。若把鱼缸摆放在组合柜或桌面上，则应把柜头或桌角的一边靠近窗口，然后将鱼缸放在接近窗口的组合柜或桌面上。

第二节　花草调理法

自古以来，人们都喜欢用盆栽植物来绿化家居环境，使人的心灵得以自然和谐共存。其实，在家庭住宅中摆放花草植物好处很多，既可以改善人的精神状态、调节人的情绪，陶冶人的情操，又可以怡养人的精神，还能活络人的气血、提高身体素质，改善家庭的运气等等。

花草具有吸入二氧化碳、吐出氧气的生物特性，还有分解空气中霉素物质的特殊功能。在室内摆放花草植物，能调和房屋内部的气场，对人的身体健康有很大的益处，同时还能调节人的情志，减缓人的妄想和固执的心态，使人的心境趋于平和。

在室内摆放生机盎然的花草植物，能使人感觉到宁静、放松与祥和的氛围，可以改善家人的社会人际关系，在一定程度激发人际关系向着积极、和谐的方向发展，使别人感受到自己的友善而获得礼遇和尊重。

运用花草植物绿化家居环境，必须按严格的要求选用花草的种类，还要选择合理的方位放置，才能使家庭风水的气场得以协调，获得良好的绿化效果。下面分别予以介绍：

一、室内摆放绿色植物的意义与作用
1．净化室内空气

绿色植物的叶子都有成千上万的气孔，植物就是通过这些气孔，把空气中的二氧化碳、二氧化硫、氟等有害气体吸收入体内，进行新陈代谢，吐出新鲜空气，对人的身体健康十分有利。

2．减少尘埃，防止污染

居室内摆放绿色植物，可把室内 30%—70% 的尖埃消除掉，使室内空气清新宜人。

在客厅中，摆放芦荟、菊花等植物，可以减少室内有害气体"苯"

对人体的污染;摆放万年青等，可以消除三氧乙烯的污染;摆放月季，可吸收硫化氢、苯和乙醚等有害气体；摆放虎尾兰、龟背竹等大叶片的观叶花草植物，能吸收室内 75% 以上的有害气体。

3. 美化环境，调节神经

在室内摆放绿色植物，植物的自然状态，能使居室得到美化，给居室环境带来动感和美好的情趣。

绿色植物都具有芳香的气味，在室内摆放适量的绿色植物，可以调节人的神经系统。同时植物的芳香气味有抗菌的作用，可以清除室内空气中的细菌病毒。

4. 吸音与吸热

绿色植物，具有吸音、吸热的功效，若在室内窗口或阳台处摆放大型植物盆栽，则可以阻隔噪音对居宅之人的影响，还可吸收太阳辐射的超强热能，稳定人的情绪。

二、花草树木介绍

牡丹花

牡丹花是花中之王，象征荣华富贵。在家庭住宅里摆放牡丹花，反映人们对幸福、美好生活的向往。

菊花

菊花有延年益寿、增加福分的功效，也有利于室内磁场稳定的作用。菊花有长寿菊和大波斯菊两种。

绣球花

绣球花的体形圆满，象征祈福和好运。

兰花

兰花有聚合人气、掌握权力的功效，可以开拓人际关系；也象征祝福和喜悦。在家里摆放兰花，深受别人的喜爱。

桂花

象征成功。在家里摆放桂花，象征子孙仕途顺利、昌盛发达、尊荣显贵。

水仙花

水仙花可以避邪除秽，带来吉祥如意，也可以招财。

牡丹花

菊花

绣球花

兰花

桂花

水仙花

开运竹

开运竹就是富贵竹。开运竹有吉利、招财和高升的含义。在家里摆放开运竹，象征子孙的生活和事业步步高升，也即取"节节高升"之意。用泥土种的富贵竹不要浇太多的水，否则根部容易腐烂；用水瓶插种的富贵竹，可摆放在佛堂的左右二旁。

发财树

在家里摆放发财树，象征招财进宝。

梅花

梅花是报春之花，五片花瓣象征五个吉祥神。梅花上有喜鹊，象征报喜，代表快乐与幸福。

富贵竹　　　　　　　　发财树　　　　　　　　梅花

荷花

荷花出污泥而不染的特性，是高尚品德的象征。当官的人在家里摆放荷花，代表思想健康、品德高尚、为官清廉。

橘树

橘树，寓意吉祥如意，象征高贵。把橘子与柿子摆放在一起，表示事事吉祥、顺利；橘子树与百合花摆放在一起，寓意万事大吉。

茶花

茶花的花容娇艳喜人、富丽堂皇，是花中的珍品。象征高雅、吉祥、富贵。

荷花　　　　　　　　橘树　　　　　　　　茶花

金橘

金橘的果子金澄澄的模样，象征金银财宝。在家里摆放金橘，不能随意把金黄橘子摘下来，对招财进宝、增加财源很有帮助。

万年青

万年青是四季常青的吉祥树种，象征长寿幸福、万事如意。万年青的叶子，厚大且色泽苍翠，具有极强盛的生命力。万年青的叶子越大越好，片片大叶子伸展开来，好似人的肥大手掌伸出向外纳气接福，对家居风水有着极强的壮旺作用。

金钱树

金钱树的叶片圆厚丰满，易于生长，生命力旺盛，能吸收外界金气，可提升家中运势。

金橘   万年青   金钱树

铁树

铁树的叶子狭长，叶片中央有黄斑，寓意坚强，能补住宅之气血，是重要的生旺植物之一。

棕竹

棕竹的干茎较瘦，树叶窄长，因树干似棕榈而叶子象竹得名的。棕竹种植在阳台上，可以保住宅平安。

仙人掌

仙人掌的茎部粗厚多肉，往往布满坚硬的茸毛和针刺，把高大的仙人掌摆放在阳台上，可以化解外煞。

铁树　　　　　　　　棕竹　　　　　　　　仙人掌

龙骨树

龙骨树的外型很独特，干茎挺拔向上生长，形似直立的龙脊骨，充满力量，对外煞有极强的低挡作用。

玫瑰花

玫瑰花艳丽多姿，虽美丽但有刺，凛然不可侵犯，既可点缀装饰阳台的风景，又有化煞的功能，特别适合女性较多的家庭使用。

杜鹃花

杜鹃花即是九重葛，花色似杜鹃，花叶茂密有尖刺，易于种植，也是上佳的化煞植物。

龙骨树　　　　　　玫瑰花　　　　　　　杜鹃花

三、室内摆放花草树木窍门

当代风水学最重视气的研究，主要是因为气场与人的事业、财运、智能、家庭生活和身体健康有着吉凶祸福的关系。人呼出二氧化碳和污染物质增多了，就会使室内有限空间的空气质量逐渐下降，危及人的身心健康。若在室内适当种养一些花草与树木，作为空气过滤器，就能起到吸尘、除毒、杀菌、治病的作用。

花的香气和美艳姿态，可以调节人的中枢神经，改善大脑功能，对高血压、哮喘、心血管、失眠、神经衰弱等症均有预防和一定疗效的作用。茉莉、紫薇的香气，能杀死痢疾杆菌和白喉杆菌；茉莉、薄荷和月季的香气，具有杀菌及净化空气的功能，还有预防呼吸道发病的作用。

能吸收室内有害气体的盆栽植物很多，茶花、仙客来、玫瑰、紫薇和紫罗兰等，均可吸收二氧化硫；菊花、牵牛花、棕榈、石榴和菖蒲、均可吸收氟化物气体；菊花、美人蕉、罗汉竹、常春藤，能吸收苯；万年青、菊花、可吸收三氯乙烯；芦荟、虎尾兰、秋海棠，能吸收甲荃；仙人掌、仙人球等仙质植物，能减少家用电器的电磁辐射。

但是有些花木含有毒素，不宜摆放在室内，必须注意选择，如万年青、含羞草、南天竹、秋海棠、黄杜鹃、一品红等植物，其液汁中有毒，误食或涂于眼睛均会危害人体健康；郁金香的叶子和花朵中，均含有毒素的生物碱，经常接触容易使人毛发脱落，不宜摆放于居室里面；夜来香开花时排放的废气，人闻后容易头晕，特别是有高血压和心脏病患者的家庭，最不宜种养夜来香；百合花的芳香气味较浓，久闻会使人兴奋，容易导致失眠；万年青的液汁对人的皮肤有强烈的刺激性，会使人的皮肤过敏瘙痒。

四、客厅绿化方法

在客厅种养树木花草，不仅可以美化环境，活跃气氛，还可以净化空气，减少空气中有害物质对人体的危害。适合在客厅中种养的树木有：鸭脚木、美人蕉、万年青、富贵竹、龙血树等等。客厅不宜摆放干花干枝。

下面的植物花草，亦可以在家中摆放：

菊花、金橘、水仙花、富贵竹、兰花、铁树、发财树、黄金葛、赏叶榕、君子兰、罗汉竹、七叶莲、柑桔、龙血树。

这些植物，在风水学中称为"吉利之物"，寓意吉祥如意、聚财发福。

客厅是家庭中放置花草植物最有视觉效果的空间。花草植物应着眼于装饰美，数量不宜多，太多了就会杂乱，而且生长不好。植物的选择必须注意大小搭配，应靠墙放置，不要妨碍居家主人的走动路线。客厅门若对着楼梯，可用剑叶红、鱼尾葵、棕竹摆放化煞，摆放在相冲的视线处。阳台窗口对着煞气，可用仙人掌、玫瑰、盆栽葫芦化煞。

在客厅里巧妙地布置花草树木，可以调整室内的五行气场。花草与树木植物的气场，可以与人发生五行能量互补的作用，在家居布局上应引起高度的重视。植物分为赏花植物和观叶植物，它们的功用有一点差异。花朵是世界上唯一的百看不厌的东西，具有值得人们重视的观赏价值；但是在客厅中过多地摆放花朵，容易引起家人犯桃花，尽量不要摆花。植物在白天里可吸收二氧化碳，放出氧气为主人供氧，其枝叶可以挡煞避邪，具有多方面的作用。花卉的气场可以在一定空间里散发出充满爱意的气氛，如果处理得好，在客厅里布置一些大大小小与周围环境搭配的花卉，可以让所有走近你的人都能感受到一般温柔甜蜜的爱意，使你心情好转。对追求桃花爱情的人，最有效的就是摆放粉红色的玫瑰花。

叶片茂盛的观叶植物的气场可以把不良的气体吸收消化掉。在客厅里摆放一盆枝叶茂盛的观叶植物，可把心理上承受的压力和坏情绪对着这盆植物倾诉，就会消除你心理上的压力，使情绪好转。

住宅摆放仙人掌和仙人球，可以挡煞。如住宅周围有尖角冲煞的物体，就可以在门外或窗外对着尖角冲射而来的方向，摆放仙人掌或仙人球，这种做法对阻挡煞气进宅的效果很好。

虽然在住宅受冲煞的门口和窗口摆放或栽种植物，既可以避挡煞气，又能起到招财进宝的作用。

五、适宜摆放阳台的植物

1. 生旺植物

摆放于阳台上，能美化阳台又有风水生旺作用的植物应高大而粗壮，叶子要厚大，色泽应青绿。大致有如下几种生旺植物：

万年青、金钱树、铁树、棕竹、橡胶树、发财树、摇钱树

2. 化煞植物

从阳台外望，如果别墅周边环境恶劣，附近有尖角冲射、道路直冲或反弓，或阳台对着寺庙、坟场等等，就在阳台上摆放一些具有化煞功能的植物。化煞植物与生旺植物不同，其干茎或花叶有刺，可令外来煞气退避，起到保护家居平安的作用。大致有如下几种化煞植物：

仙人掌、龙骨树、玫瑰花、杜鹃花。

六、院子花卉的布置

在住宅前庭中，用花、山、水、石、鱼、鸟等点缀，不仅能增添生活情趣，还能寄予人们很多情怀。在别墅前庭中种植花卉，不仅可以净化空气、抑制噪音与美化环境，还能陶冶人的情操，达到修身养性的效果。前庭可以种植的花卉有以下几种：

梅花：代表情操高尚、坚贞高洁。

牡丹：代表富贵荣华、吉祥如意。

菊花：代表超凡脱俗、亮风亮节。

兰花：代表品质高洁、美丽佳人。

杜鹃：代表绵绣河山、前程万里。

茶花：代表英雄气概、健康如意。

水仙：代表金盏银台、幸福吉祥。

桂花：代表香飘九里、荣华富贵。

前庭外部树木，是指别墅的屋宅范围以外的近距离环境中自然生长的树木。

东方有树木，吉利；

东南有树木，吉利；

西北有树木，上上大吉；

西北方有树木，可增强家庭运气；

南方有树木，不利；

西南方树木，大不利。西南为平地上吉；

西方有树木，大不利；

东北方有树木，吉凶参半。东北方有高大树木，家庭运气差，树木越大则运气越差,非拔除不可。东北方为平坦、宽阔的地面最好。

七、根据客厅门向选择盆栽的方法

客厅是家庭成员活动的公共场所，也是家庭接待客人的地方，绿化客厅应以朴素、美观、大方为原则。要突出热情好客的氛围。客厅里摆放花木盆栽，必须要配合家具的陈设，选择观赏价值高、花姿优美、色彩深重的花木，再配以精致小巧的园林艺术小品，客厅里适合种植的花木主要有橡皮树（招贵）、发财树（招财）、棕榈树、君子兰、吊兰、常春藤、美人蕉、鸭爪树、富贵竹、龙骨树、仙客来、金钱树等十多种。

用花木盆栽装饰客厅，可在沙发旁边的茶几上摆放一盆仙客来，表达主人热情好客的诚意；可在沙发左右两旁的地面上各摆放一盆体积较大的观叶植物，如橡皮树、棕竹、发财树等以显示绮丽热烈的氛围。增添客厅装饰的艺术雅趣；在客厅中墙角处配以高脚花架、摆放龟背竹、常春藤等盆栽，以其清丽高雅、四季常青的风貌给主人带来绿意盎然的享受。

为了充实客厅的正面能量场，提升家人的运势，增强家人的身体素质，给人以优美、高雅和热烈欢快的感觉，必须在客厅中适当地摆放一些花木盆载。虽然植物中的花草和树木五行属木，但其各自所蕴藏的五行气场和适应的环境能量场又有区别，因此种养在客厅里的植物应根据大门方向来选定，才能增强客厅的正面能量场，有利于家人的财运和身体健康。

大门向南的客厅，五行属火，适宜种养龙血树、罗汉竹、橡皮树、鸭爪树，有利调整人的心脏、眼睛功能趋于健康，也有利于调整家中胆小患有忧郁症，对生活缺乏信心和勇气的人的负面性格。

大门向北的客厅，五行属水，适宜种养金水旺盛的植物，如君子兰、肥叶金钱树等，有利于促进人的肾脏和肺部功能的健康。

大门向东的客厅，五行属木，可在客厅里栽种木气旺盛的富贵竹、棕竹、发财树等有利于改善人的肾脏和肝脏功能的健康状况。

大门向西的客厅，五行属金，可在客厅里种植金气旺盛的金边虎尾兰、吊兰、百合和土气旺盛的巴西铁树等，增强客厅的正能量场，有利于家人呼吸道、肺部和脾脏功能的健康。

在客厅中种养花木，也可参考古代民间植物栽种方位的做法（可内外变通）。古代民间认为："东植桃杨，南植梅枣，西栽栀榆，北栽杏李，大吉大利。""住宅四角有森桑，祸起之时不可挡。""中门有槐，富贵三代；屋后有榆，百鬼不近。""门庭前面喜种双枣，四畔有竹木青翠进财。"

民间还有"屋后不栽槐"的禁忌。在古代，槐树象征吉祥、长寿和招财，因此民间禁忌在屋后植槐。民间还禁在院子内种植苦楝树，特别是河南、湖北一带，以苦楝树结的楝子为"苦豆"，庭院内结楝子，是主人食苦果的征兆。

民间还流传一句民谣："前不栽桑，后不栽柳，门前不栽鬼拍手。""桑"与"丧"字谐音，不吉；"柳"是指人死后，用以送殡的柳木，用来送殡的柳枝称作"哀杖"和"招魂幡"；"鬼拍手"是指杨树，多数植于墓地，其叶子遇风吹时会作响，好似人拍手一样。

第三节　吉祥物调理法

一、房屋八大方位调理法

在房屋的八大方位中，各个方位都蕴藏着不同性质的磁场能量，掌管家庭中不同性质的运气，若想使家庭获得吉祥和幸福，就要合理地开发和利用各个方位的能量开发与利用各个方位的能量，就必须针对方位能量的性质，适当地摆放具有催化作用的吉祥物进行调理，才能使家宅风水磁场像神秘的灵力一样，对主人发挥关键性的作用。

吉祥物能唤起人们爆发良好的意念，产生强大的吉祥动力。下面介绍一些常用的风水吉祥物及其运用方法：

1. 西北方催化方法

西北方是乾卦，代表父亲，五行属金。乾金掌管人的肺、呼吸系统、首、骨等。别墅客厅中的西北方位置，摆放一些金属制吉祥物来强化金的磁场能量，可给人体的肺、首、骨等注入生机和活力，具有强壮与补益作用，特别有利于家中父亲的身体健康。

西北方主管一个家庭的贵人运和事业运，在客厅的西北方摆放吉祥物，可以增旺男主人的财官运，权力地位不会动摇，可以招来贵人扶助，不会遭受失业或降职的厄运。

西北方不仅代表父亲，还代表家里的长子以及家里 45 岁以上的男人。这个方位的磁场不仅能培育这些男性健康的身体，还能招贵人扶助，利于事业顺利发展，还能对他们的婚姻起催化作用。例如长子尚未娶妻，可在西北方位摆放一只金属鸡饰物，再在鸡饰物的上方贴挂一张明星像片，满三个月后，就有一个近似于像片上女明星的女性与你相遇，并很快就会进入爱情漩涡之中。

西北方摆放吉祥物品，可以招贵人、旺官、旺财、增旺人缘、改善人际关系和强化异性情缘，不同的物品有不同的功效，应注意区别使用。

若别墅的男主人在政府机关或事业、企业单位工作，那么可以摆放招贵、旺官或招财的吉祥物；若男主人是生意人，则可以摆放招财、聚财的物品，如貔貅、紫檀象、蟾蜍、骑象大肚佛、摇扇睡佛、文财神、布袋弥勒佛、百财（即白菜）等。

适宜摆放西北方的物品还有：

招财进宝大钱币

此为聚财法器，可使家庭经济收入日益增多，避免破财。

青龙

具有避邪、镇宅和压小人的功能。青龙是中国古代传说青龙、朱雀、白虎、玄武四神之一,四神是分别镇守东、南、西、北四个方位的神兽。

凤凰如意

此法器是凤凰立于玉如意上造型，代表吉祥和太平，象征事事如意，一切如愿以偿。

聚宝盆

象征财富。在家庭住宅中，西北方是男主人的方位，西南方是女主人的方位，这二个方位摆放聚宝盆，都预示家中财源不断。放在西北方可旺男主人，放在西南方可旺家庭主妇，最好放在客厅或中堂的财位上。

玉龟

象征健康和长寿，具有预知未来的灵性。

龙头龟

也叫母子龟。象征吉祥、长寿。摆放在家中，可招财、化煞。

开盖龟

开盖龟也称麒麟龟，具有保平安、镇宅和化病灾的功效。

聚宝盆

玉龟

龙头龟

开盖龟

铜制站式观音

瓷制坐莲观音

观音

观音大慈大悲，救苦救难，有求必应，是佛教中最受百姓崇拜和敬奉的菩萨。观音菩萨塑像，具有转运和保平安的功效，适合家庭使用。在客厅摆放观音菩萨塑像，可避开很多不如意的事情，可保家人一年四季出入平安。

坐龙观音与骑龙观音

象征吉祥，可招贵人。可与坐莲观音一起摆放。

水晶七彩莲花灯

放在西北位观音菩萨佛堂上，具有调运气、招财功效。左右各摆一盏。

水晶迷你莲花灯

放在西北位观音菩萨佛堂上，具有化灾气、避邪功效。左右各摆一盏。

坐龙观音　　　　　水晶七彩莲花灯　　　　　迷你水晶莲花灯

铜座吉祥莲花灯

摆放在西北位观音菩萨佛堂上，象征吉祥、富贵、平安。左右各摆一盏。

铜座桃胆莲花灯

摆放在西北位观音菩萨佛堂上，具有化煞、去病气的功效，可保平安。左右各摆一盏。

妙莲灯

摆放在西北位观音菩萨佛堂上，用于调升学和运气。只用一盏，放在观音菩萨面前。

铜座吉祥莲花灯   铜座桃胆莲花灯   妙莲灯

佛珠

象征永久平安、吉祥。佛珠是指十八粒紫檀木和绿檀木的佛珠手连，它象征世界东方一种神秘的精神力量。不论男女，把佛珠带在手上，都有永久平安的作用。

把二十七粒或三十六粒佛珠挂链放在家宅西北位佛堂上，可以得一种神秘精神力量的扶持和保佑。

武财神关公

象征忠心、义气、信用、团结，具有避小人、招财和护财的功效。

经商之家在住宅的客厅门内青龙位摆放关公塑像，象征能够逢凶化吉，遇难呈祥，保四季平安，财源广进。

佛珠   武关公：调财官运与化煞

2. 西南方的催化方法

西南方坤卦，代表母亲，五行属土。坤土主管人的脾胃、皮肉和腹。别墅客厅中的西南方摆放一些吉祥物，可以强化人的脾胃等功能对家人的身体有补益作用，特别有利于家中女主人身体健康。

西南方是主管财运和桃花运的方位。

西南方的能量与家庭女主人的运气存在着密切的关系，若能合理而有效地开发与利用西南方的能量，则可以提升家庭主妇的运气。

可以在西南方摆放的吉祥物有：

莲花

莲花具有香、净、柔软和可爱四种特性，它出污泥而不染，柔美异常，是清净、圣洁与吉祥的象征。在西南方摆放莲花，象征着女主人将用柔善而纯洁的心灵去对待别人，她具有内在的美，能够赢得别人的尊重、爱戴和欣赏。

宝瓶

宝瓶是佛教中的吉祥物，象征财富和清净。宝瓶内可装五宝、五谷、五药或五香等十多种物质，象征吉祥、清净和财运，象征着福智圆满，能满足众生的一切愿望。在住宅的西南方摆放宝瓶，象征着家庭主妇掌握着财富之源，寓意着可以装载和拥有无限量的财富。

金鱼

象征自由和超越，代表富裕与祥和。金鱼是指用黄金制的黄金鱼或用真铜制的镀金鱼。

鱼游于水中，畅通无阻，可透视混浊的泥水，因此金鱼具有慧眼的寓意。在西南方位摆放金鱼，象征着家人（特别是女主人）可以透过现象，洞察事物的本质，有着超人的智慧，可以自由轻而易举地获得财富。

舵轮

舵轮是航海交通工具上的一种指命明方向的手动转轮，象征永不停息，代表事业前途广阔而且有贵人指引方向，能迅速掌握令事业成功的关键信息，使事业得以顺利的发展。

宝瓶　　　　　　　　　　金鱼　　　　　　　　　　舵轮

摇扇睡佛

摇扇睡佛的神态安乐、自在、和蔼、安祥。在住宅或办公室的西北方摆摇扇睡佛塑像，可以促进家庭和谐、财运亨通。

财神聚宝盆

西南是女主人的方位，在西南方放置与财运有关的吉祥物品，可以增强财运。供奉的财神有黄财神、五路财神或其他财神；聚宝盆是用铜或上等水晶材料配以琉璃盆制作而成的，因西南方五行属土，聚宝盆内放置五行属土的水晶和宝石，这对增强女主人的财运和身体健康大有益处。

摇扇睡佛　　　　　　　　　财神聚宝盆

有一种比较特殊的招财吉祥物是财神聚宝盆，是用水晶和琉璃材料制作而成的，外型精美，聚宝盆中间供奉着黄财神或五路财神，盆内可用水果装饰，盆底部可放入铜钱。室内摆放此物，不仅可以化解窗外高压电塔、烟囱、电灯柱等形成的凶煞，还可以增强财运，提高人的身体素质。此物也可以摆放在公司办公室的西南方，对公司的老板、员工和客户均有益处。

鸳鸯

鸳鸯是象征夫妻爱情美满、和谐幸福的吉祥物。摆放在夫妻主卧室或新婚洞房的西南方，必使夫妻恩爱，生活幸福、美满。

鸳鸯

鸾凤相伴

鸾与凤都是古代传说中的灵鸟，它们天天相伴，永不分离，生死与共，若一方死亡了，那么另一方在找到对方尸体后一定会殉情；若找不到对方的尸体，那么另一方就会一直苦苦地寻找下去。鸾凤相伴象征忠贞、纯洁的爱情，摆放在夫妻主卧室内，可促进夫妻感情和睦，忠贞不渝，白头偕老。

坐莲观音

坐莲观音

观音大慈大悲，救苦救难，是众菩萨中最有灵感力的一位。在住宅的西南方摆放坐莲观音，可以治病，使女主人一生平安，心平气和，安乐自在。

3. 东方的催化方法

东方是震卦代表长子，五行属木。震木掌握人的肝、胆和手脚，在别墅的东方摆放一些吉祥物，可以强化人的肝胆功能，同时对人的手脚筋骨具有强壮作用。特别对家中的长子身体健康有利。

东方是主管事业运和子孙运的方位。

东方是长子的方位，东方的能量与长子的运气存在着密切的关系，若想提升长子的运气，就要合理、有效地开发东方的能量。此方位有活跃和发展的含义，在东方摆放吉祥物以及种植一些树草盆栽，可以提升长子的活力、财运和事业贵人运，还可以提高长子的爱情运势，使家人身体健康、开心快乐。

别墅的东方适宜摆放的吉祥物有：

龙

用于开运，象征意义为招财、事业腾达。能让人出人头地、大展宏图、财源滚滚。龙不仅可以摆放于东方，还可以摆放在进入房间后的右侧位置和办公桌的左边。房间内放置青龙，每日将一杯洁净的水放在它的唇边，龙就会活跃于人的左右，会给人带来好的运气。吉祥物龙的系列法器造型有很多种，摆放双龙戏珠，可助事业腾达、财源滚滚、步步高升。

玉象

在东方摆放玉象，象征平安、招财、纳福，象的体大力壮、性情温和、品德高尚，知恩必报，摆放在住宅或办公室中（特别是老总办公室），可以使其经营管理有方。

猴哥骑象

猴喻为"侯"，象喻为"相"，意味"封侯拜相，世代为官"。在住宅内摆放"猴哥骑象"，象征事业和官运步步高升，适合从事行政工作或企业管理工作的人士使用。

姜太公钓鱼

据史料记载，姜太公钓鱼的方法与众不同，具有传奇色彩。传说他钓鱼时用的是直钩，钓钩上不用鱼饵，而且不是把鱼钩放在水里，还背着钓鱼的溪流坐着。这是招贵人，治小人的特殊方法。

这种法器宜摆放在住家的书房里，或摆放于办公室里的书柜顶上。摆放姜太公钓鱼，可招来贵人，拥有知己、获得成功。

  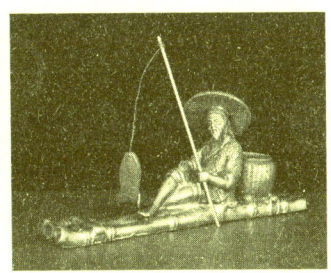

玉象　　　　　　　　　猴哥骑象　　　　　　　姜太公钓鱼

骆驼

此物有铜制的，也有紫檀木雕刻的。骆驼背上笔架峰藏有养分与水分，可以多天不吃不喝，其精力依然充沛，能经得起艰苦环境的考验。骆驼雕像，象征精力充沛，不怕艰难，具有拼搏向上的精神，此物最宜正处于创业时期的人士或学生使用，适宜摆放于办公室、书房或学生卧室。

骆驼

4. 东南方的催化方法

东南方是巽卦，五行属木，代表长女。巽木掌管人体的肝、胆、股、筋、气等，在别墅的东南方摆放吉祥物，具有强化肝胆功能等作用，特别对家中长女身体健康有利。

东南方是主管人的文昌运，其能量可以提高人的悟性、思维和智商。

东南方是长女的方位，对于长女来说，东南方的能量是非常重要的，若能合理有效地开发与利用东南方的能量，则不仅可以提升家里子女读书的运气，特别能给长女带来更多的益处。

若想调整和提升家中长女的运气，就在东南方位摆放一些吉祥物类的风水法器，可以在东南方摆放的风水法器有：

铜葫芦

铜有收煞和和转运的作用，葫芦具有收煞的功能，铜葫芦的化煞效果很好。在风水调理中使铜葫芦，可在铜葫芦的底下垫上铜制的八卦古钱，可以除去自己厌恶的东西，还能阻止财气化散。使用时，可在葫芦中放入水晶、朱砂粉、杂粮等物品，然后把葫芦放在东南方或长女自己拥有的空间中。若在葫芦中放入红水晶，则可以带来异性运和结良缘的机会。

白玉葫芦

白玉制的葫芦，外形美观，在风水上具有吉祥的作用，具有助益女性追求容貌美丽、身材优美、皮肤白嫩的效果。此物放在长女位置东南方，即可助益长女。

铜葫芦　　　　　　　白玉葫芦　　　　　白玉葫芦挂坠

牡丹花

牡丹是百花之王，代表高贵，最适宜有领导职务的人士摆放。牡丹具有高贵的地位，象征富贵荣华。把牡丹花摆放在客厅或卧室的东南方，对人的品质能起到催化作用。

鲤鱼跃龙门

象征子孙读书进步、金榜题名。在古代，把通过科举考试称为鲤鱼跃龙门，是幸运的象征。寓意事业有成，梦想一定会成为现实，还寓意吉庆、年年有余。把鲤鱼跃龙门摆放在学生及想晋升官位的人书房里或办公桌上，有催化读书进步和成就功名的作用。

看书关公

具有提升官运和化煞的功能。可摆放客厅、书房或办公室的门内。

牡丹花　　　　　　　鲤鱼跃龙门　　　　　　看书关公

5. 北方的催化方法

北方是坎卦，五行属水，水代表中男。水主智慧，代表聪明，同时北方是北斗七星所在地，而北斗七星的星主文曲星对北方能量的影响最大。北方掌管着人的读书运，具有提升人的聪明度和开发智慧的高强能量，在客厅的正北位置摆放文昌塔、毛笔筒或挂文竹字画，均可以接收文曲的星气，增长家人的智慧、提高家人的事业运，同时对促进家中小孩读书欲望和学业进步也有很大的益处。

北方是坎卦，代表中男，五行属水。水掌管人体的肾脏、血液、膀胱和耳朵。家宅客厅中的北方位置，可摆放一些铜制吉祥物，强化北方的磁场能量，对人体的肾、膀胱、血液和耳朵都有补益作用，特别有利于中男的身体健康。把铜老鼠摆放在北方，可以补肾阴。

北方也管辖中男的恋爱、婚姻和家庭。若家里年轻的中男恋爱不顺利或婚姻家庭不美满，则可以在北方摆放一些适当的金属铜制吉祥物，帮助他解决实际生活中存在的疑难问题。打一个比方，假如家里的老二，曾与多个女友恋爱，但未能取得成功，那么自己可以动手在家宅的客厅北方摆放一只金属鸡饰物，鸡饰物的上面贴挂一个年轻女友像片或年轻女影星像片，三个月后必有喜气临门。

若想调整中男的运气，可在北方摆放下列风水法器：

金鸡

金鸡具有驱邪化煞、增进异性感情的作用，是驱邪制煞、避免偏桃花的吉祥物。如果家里的中男遇到品质败坏的异性或令人讨厌的性骚扰，就在中男的衣柜暗角处摆放一只金鸡，可以避免受性骚扰带来的烦恼。夫妻二人感情不和，若妻在外面有情人，就把一只金鸡放在妻子的衣柜内的暗角处，可马上切断外面的情缘。这是金鸡破桃花之法，若把金鸡放在北方，则对中男另有别论。金鸡须经大师开光后才会有效。

铜葫芦

葫芦具有避邪除厄、收煞、化煞和强旺财运的功效。葫芦的嘴小体大，煞气易进难出，还可以用来化病气。挂在住宅的北方，对中男来说，具有强身健体、延年益寿的作用。

文昌塔

文昌塔象征聪明、智慧，可令人如愿以偿。在当今的社会中，家长对子女的学习和教育十分关注，都希望自己的子女聪明伶俐、考试名列前茅，长大以后出人头地。要实现这些愿望，最好的方法是在文昌位上摆放文昌塔。文昌位是指文曲星所在的方位，住宅里文昌位的位置是因大门方位的不同而存在差异。

在文昌位上摆放文昌塔，利于读书、事业和功名，因为开发大脑的智慧必须与宇宙的本源同步，得到宇宙的灵光和微波方可。接收宇宙微波要靠天线，而文昌塔就相当一条直竖的天线，具有接收微波的功能，可以接收宇宙信息，对开发儿童智力和文人智慧都有很大的帮助。

文昌就是指文昌星，相传此星是主宰文人命运的星，其作用主要是旺文。文昌塔具有接收文昌星发射出来的微波信息，是最为吉祥的开发人类智慧和成就功名的风水工具。在家里摆放文昌塔，就等于把文昌星请到了家中。文昌塔的能量，可以给从事研究工作者、文人、学者、艺术工作者、企业家以强有力的支持，均可以在家里摆放文昌塔。

可把住宅的北方位置做书房，书房里摆放一张长形书桌，书桌上放一座七层、九层或十三层文昌塔，人面朝北而坐，效果最好。

龙舟

龙舟有乘风破浪的含义，象征一帆风顺、吉祥如意。龙舟也称龙船。在家里或公司摆放龙船，代表生生不息，意味着将获得良好的机会。

北方属于水地，若别墅的客厅设置于北方位置，则可在客厅门口内摆放龙舟。装满货物龙头要向屋内，空船的船头要朝门外。

金鸡

文昌塔

龙舟

6. 南方的催化方法

南方是离卦，五行属火，代表中女。

火掌管着人的名声运和桃花运，同时掌管人体的目、心脏。若想提升家庭成员的好名声和社会威信，就可在家宅客厅的南方作文章，最好是摆设一些具有象征意义的吉祥物，用以强旺南方的磁场能量，若想增中女的恋爱、婚姻缘，则可在南方位置摆放吉祥物，强化南方的磁场能量，以达到提升中女的运气，获得甜蜜美满的婚姻。如果你是家中老二，可以在南方摆只老鼠，老鼠的上面贴挂一张富翁的像片，将来找的伴侣肯定有钱。

在别墅的南方位置，摆放一些红色或紫色装饰物品，可以强化家人的身体机能特别对人的心脏、眼睛有很大的益处。

在南方可以摆放的吉祥物有如下几种：

财神像

财神像有文财神像和武神财像之分，二者均可摆放于南方位置。若住宅坐南向北，那么南方房屋的坐山方位（靠山），在这里安财神最吉，因为靠山位是家宅的明财位，财位安放财神塑像寓意家庭祥和幸福、美满，财源滚滚，还有很好的破煞效果。

貔貅

貔貅具有吸财、旺财、化煞和转运的功能。它是一种具有相当灵性的动物，此动物没有正常的排泄系统，只能进食，不会排泄，废物是由体液中排出体外的。寓意只会进财，不会漏财，蓄财的力量强大。行善者因受天地通感，信奉貔貅并用之招财，而恶者用之不验，难信。

把貔貅放在家中，可令运道转旺、驱除邪气。若把貔貅摆放在家中的神桌上，与财神爷一起供奉，具有超强的催财力度。家里摆放貔貅，其嘴巴要向着门口，若门口外面有横着的街道、马路或池湖等空旷之地，就可收屋外天然之气，起增旺财气的作用。

三脚金蟾

三脚金蟾的造型是一只蟾蜍趴在金币上，口中也含着金币，但有一些造型口中不含金币。三脚金蟾寓意财源滚滚，事事顺利。在公司或家中摆放三脚金蟾，既可旺偏财，又可旺正财。与财神爷、大肚弥勒佛、金钱龟、五路财神、貔貅等一起摆放，其旺财的力度更大。

口中含金币的金蟾，头要朝室内摆放，摆放口中不含金币的金蟾，头的朝向一样朝室内。

7. 东北方的催化方法

东北方主管子孙运和财运，信念运和祖居运。东北方的能量与一个家庭人丁的兴衰和财运的好坏有着必然的联系。若想旺丁和催财，就必须调整好东北方位的风水，具体的做法是摆放旺丁、催财的风水法器，以强旺方位的五行气场能量。

东北方位的五行属土，代表人体中的脾、胃（泛指消化系统），若住宅的东北方位建鸡舍、猪栏或厨房、厕所等，则会破坏该方位的气场，导致家人脾胃的消化能力大大降低。

在八卦上，东北方属于艮卦，代表子孙山，同时也代表坟墓、寺庙和祠堂，这个方位对人的宗教信仰和祖居乡族观念均会产生深远而严重的影响。

在风水学上的鬼门方位，是指东北方和西南方二个方位。因东北为艮卦，艮卦五行属阳，代表男性，由于西南为坤卦，坤卦五行属阴，代表女性，从环境上说，东北背阳，湿气十分严重，西南处于太阳西斜的位置，紫外线衰弱，杀菌能力较差，是产生腐败空气的方位。住宅的东北方和西南方若受到阻挡，腐败的空气就会滞留不畅，就会影响的运气和身体健康，应设法改善通风，避免腐败空气在住宅内储存或循环。

东北方位出现缺角时，就会使房屋的八卦五行气场分布不均，土气偏弱，而东北方土气所代表人体的脾、胃消化和吸收功能也会偏弱。房屋缺角的危害性很大，应在缺角处摆放一些能量补强的物品，消除因缺角带来的煞气。

东北方是代表家里幼子（少男）的方位，家宅东北方的风水吉凶，都会对少男产生有利或不利的影响，因此应重视东北方的风水磁场。

东北方适合摆放的吉祥物有：

水晶

水晶是磁场能量最强、最纯正的一种天然矿石，它与钻石、红宝石和蓝宝石被称为宝石，具有较高的市场价值。水晶的能量极强，任何光线透过水晶时散发出来的能量都要比原来的大几倍，如果应用于住宅风水，那么人的身体健康、运气都有很大的帮助。

水晶的主要矿物成分为二氧化硅，其磁场能量具有吸收、集中和放射电磁的特性，极容易与人体产生联系和交流。因此，应用于住宅风水中，能将方位的气场能量完整地发放到人的身体上，可以调节及修补人体的气场，具有一定的医疗作用。

水晶的种类很多，不同种类的水晶具有不同的风水作用：

粉晶：具有调节心跳、平衡情绪和血气的运行作用，还有松弛神经和安眠、平衡血气运行之功效。

绿水晶：可以强化人的免疫系统功能，使人自然安祥、健康。

茶色水晶：茶色水晶可以增进人体免疫功能，使人体细胞活跃，恢复青春活力，减慢老化现象的速度。还能够提升人的反应力和分析判断力。

白水晶：主要有镇宅和祛除病气、催动文昌运和增强事业运、使人心气平静和谐的功效。还具有提高注意力、开启心智、开发替在能力的作用。多病或多挫折的人，大多数是因人体负性能量过大造成元气消弱而致的，白水晶的磁场可以攻破不良的气场、净化周身，使人体上的负面能量消散而迎来好运。

紫色水晶洞：主要是，紫水晶洞内部有密集的晶柱，彼此之间的能量可以互相振动产生强大的磁场，可以凝聚和改善房屋内部磁场，使人平安吉祥，还有镇宅的功能和积聚财气的功效。把紫水晶洞放在门口和阳台，可吸收日月之精华。白天洞口向着屋外吸收能量，晚上可把洞口转向屋内释放能量。

　　黄水晶：黄水晶具有招财进宝的功能，能创造意外的财富，而且能强化人的肠胃消化功能。宇宙中的绿光和黄光都与财富有联系，黄水晶中的黄光可以带来偏财运，可以创造意想不到的财富。

　　紫水晶：紫水晶有开发心智的功能，能提高人的直觉悟性，促进人际关系、爱情等喜庆事。紫水晶中有接近人脑波频率的磁波，具有镇静安神、缓和脾气的效果，还可以治失眠症。用脑力劳动的人，可以使用紫水晶来提高脑筋的活力，帮助思考问题。

　　粉红晶：粉红晶有增进姻缘的主要功能。粉红色的光谱，可以改善人际关系，增进人缘，润泽男女之间的感情而带来好的缘份。

水晶柱

　　可催化人的头脑灵活，提高人的智慧。水晶柱具有凝聚空间能量的作用，强化人的思维，加强人的读书缘，增强小孩的读书记忆力，可以当作"文昌塔"来使用。

水晶球

　　具有改运的功效。增强家庭的财气。

　　水晶球最主要的作用是改变人生运程，只要摆放在适当的地方，就能发其改变人生运程的效力。

童子牧牛

　　具有增强东北方能量的功效，可旺男丁。

水晶柱　　　　　　　　水晶球　　　　　　　　　　童子牧牛

运财童子

运财童子塑像具有聚财的作用。把此物放在门上槛上边，表示财运不断，但一定要头朝里，往屋里推。

金龙

金龙象征步步高升和生意兴隆的意义。

花瓶

象征富贵、平安，还代表身体健康。在家宅的东北方摆放花瓶，可使家人平安吉祥。

运财童子　　　　　　　　　金龙　　　　　　　　花瓶

8. 西方的催化方法

西方主管着家人的财运。西方的能量与一个家庭的财运的好坏有着密切的关系，若想旺财、催财，就必须重视住宅西方的风水磁场。在西方摆放一些五行属金的风水法器，可以强旺该方位的五行气场能量，能起到招财的作用。

西方的五行属金，代表人体上的肺和呼吸系统，若住宅的西方位置建鸡舍、猪栏或厨房，或作粪堆及摆放肮脏的东西，则会破坏该方位的气场，导致家人肺部的免疫力降低，容易患上肺疾或呼吸系统疾病。

在八卦上，西方为兑卦，代表家庭中的幼女（少女）。若房屋的西方位置缺角或建厨房、摆放电视或堆放杂物等，使西方的气场变为凶相，则容易使家中的幼女变成不听话的孩子，身体健康也会受到不良的影响，家里也会出现因喉炎、哮喘或支气管炎的病人。厕所是大量用水的空间，五行属水，无论设在哪个方位，都会产生一定的影响。所建在西方，则家中的幼女将会体弱多病，难以安度人生。若把西方做次卧室或接待室，则可以使幼女（三女）的运势增吉。

　　适宜在西方位置摆放的吉祥物有：铜鸡、水晶球、大肚佛、蟾蜍、麒麟等。

挑币弥勒佛

如意弥勒佛

二、吉祥物运用启示

　　家居环境的气场非常重要，它是导致人生事业、婚姻成败的关键环节，又是影响人的财官运和人丁兴衰的主要因素。风水气场之所以重要，主要原因是风水学问包含着人如何去顺应自然的深刻哲理，涉及到天文学、地理环境学、人文景观学、地球磁场方位学等诸多方面的知识。家居住宅讲究舒适、高雅的同时，也讲究朝向、纳气、阴阳调和、格局等法则，住宅的选址、立向、房型（户型）、内部布局等都应以人为本，绝对不宜脱离人而笼统、简单地谈论家居环境气场的好坏，一般地说，家居环境风水的吉凶情况有几个方面：一是对任何人来说都是吉利的，不管男女老幼都可以居住；二是对任何人来说都是凶险的，是实实在在的凶宅，不利长久居住；三是对一部分人来说是吉利的，而对另一部分人来说是凶险的。要营造一个良好的家居环境气场，首先必须选择吉祥的自然环境建房居住，房屋的立向应选择合理的线度，房型（户型）要吉祥，内部布局要和谐，然后针对宅主命局的喜用神，在家里适当的位置摆放一些生旺且有补益作用的吉祥物。摆放吉祥物是有讲究的，不管是先人遗留下的，还是当代生产的吉祥物品，都聚集象、数、气和宇宙能量于一体，都具有旺财、旺官或镇宅化煞、趋吉避凶的功效。但是每一种吉祥物均各具五行特性，又蕴藏着与众不同的信息能量，而家居的八大方位也各具阴阳五行特性，人的先天命局阴阳五行喜忌也各不相同。因此，对于一种具体的吉祥物来说，并不是每个方位都可以摆放，也不是每个人都适用的。

在人世间，旺财、平安、吉祥和如意成了每个人的美好愿望，人们都希望在自己家庭里摆放一些吉祥物，给家里带来良好的信息能量，起到吉庆、祝福、平安的作用，但往往事与愿违。曾有一些读者，自己到书摊上购买风水书，读完以后悟性大增，认为自己掌握了扭转乾坤的方法，自作聪明到街上购买一些吉祥物品，按照书本上的提示摆放于家里。由于对吉祥物品选用不当，不但没有起到吉庆、平安的作用，反而给家庭带来了不必要的麻烦。不是身体不舒服，就是工作事业不顺；不是父子、夫妻不和，就是手脚外伤等等。提醒广大读者，凡是家庭住宅调理使用的吉祥物都要慎重选择，特别是请到家里供奉的宗教吉祥物，更要认真选择，不可马虎大意，最好先咨询有权威的易学专家或身怀绝技、德高望重的风水大师后方可行事。

化灾救人是易学工作者的天职，易学者们一定要攻破其中的高深课题。若只能通过预测提出问题，而不掌握为人化解灾难、避凶趋吉的方法，就好象一个医生只会诊断疾病而不懂用药治病一样。吉祥物运用的招术很多，仅民间流传的就有招财旺官法、制煞镇宅法、化煞解灾法，还有破解、破煞、镇压等具有攻击性的强制手段。虽然运用破解、破煞、镇压等强制手段来化解人与自然、缓解社会与人的自身矛盾冲突也有一定的效果，但是往往相互攻击、伤及和气、顾此失彼，对人造成不良影响。

　　谨提醒各位易学工作者，凡进行风水气场布局与调理应以人为本，力求使环境气场与人体气场相互协调，达到生助补益居住者的良好效果。从当代科学角度来看风水，风水气场的调整应结合人的先天命理进行，才能转化物质世界与人的精神世界的矛盾，为人类创造美好、和谐、健康和安全的居住环境。在调整住宅气场时，如果不考虑居住环境与居住者命理喜用神的结合，就会出现环境气场与人体气场相互冲克的现象，久居之后必会受损。摆放吉祥物前，应首先掌握吉祥物的功能、用法以及吉祥物适合摆放的位置，然后优选安放时间摆放，使时空信息、吉祥物气场信息与居住环境气场信息三位一体、相辅相成。适当地运用旺财、化灾、破煞、镇宅、压煞的吉祥物，可化解和弥补居住环境气场的缺陷，但要求吉祥物的五行能量性质不能与主人命局的喜神、用神及贵神相冲克，也不宜冲撞家里其他成员命局的喜用神。摆放吉祥物应符合天人合一的原则，针对人的先天命局阴阳五行旺衰的喜忌情况，以化泄和弥补为主，将人命局中的病伤等忌讳信息去除，调补家人命局组合的喜用神，尽量避免运用强行克制手段，否则物极必反，容易招致无端的灾祸。

第四节　石头调理法

一、石头具有神奇的能量

　　人们常说："地怕荒芜，屋怕闲置"。其实，在现实的社会生活中，田地荒芜了，就会野草丛生，野兽和害虫就会横行其间，年代久长了必然成为荒废之地；而房屋本来是人居住的藏风聚气的地方，若有主人居住其间，炊烟及香火连续不断，阳气必然旺盛，邪气鬼祟难于侵入。可是人离房空，闲置的日子久长了，阳气必然衰败甚至散尽，导致阴气旺盛，极容易招来邪祟鬼怪寄居其间，使阳气旺盛的人宅却变成了阴气旺盛的鬼宅。

　　但是，为什么古代大多数家族大院、文人故居和王府花园大院，在空置很多年之后还是依然空气清新祥和、生气勃勃呢！主要原因是由于这些家族大院、故居和花园中在营造之时，都设置有假山、奇石和名花异草点缀，特别是摆放其间奇怪石头发挥了驱除邪气、扶旺正气的积极作用。古代人在修建家族大院、文人故居和王府花园时，除了在庭院里都要营造山水景象外，还要从全国各地购买一些形状各异的奇石摆放于庭院里，营造类似于大自然景观中依山傍水的山水环境，使人居住其间能够产生与大自然融为一体的美好感觉。在当今社会里，有不少人将石头研磨制成高档的家具和精美的工艺品，也有不少人把奇石经过简单加工后搬进商店销售，经营石头发财而成为百万富翁的人也确实不少，最使人不易理解的是为什么有些人却从山岭上找来一些奇石搬运到家庭里摆放。

　　我们可以客观地看，石头是构成物质世界的最基本的物质元素，但人们看待它的态度和观点有着本质的区别。有些人认为，奇石是大自然中的神奇物，具有唯一性，将来它的价值一定会升高；有些人认为，石头是自然界中不可缺少的物质，但又是最不值钱的东西。它到处都是，既不是艺术品，又不是宝石，一看就懂，没有深奥的文化内涵，没有科学价值，象一盆花或一只鸟一样，只不过是供人们闲情逸致的玩物而已，有也可，没有也行，不会影响人的正常生活。其实，这两种观点都是不客观的。

石头不仅可以为人们提供建房铺路的建筑材料，具有观赏的价值，而且还具化煞解灾、驱邪扶正、保护家宅安宁的作用。一般的石头，若其毫无外表特色就只能用于建宅铺路；具有审美体验和美的享受的奇石，其包含的收藏价值很大，可用于人文景观的营造和文化艺术品的制作，这主要体现在质、形、色、纹、势等方面；由于石头是天然之物，饱受日月之光华，本身就具有相当强的能量，同时它又具有土金、两种五行性质，尤以土五行能量最强，因此石头能够有效地化解高大、尖状形物所产生的五行火的煞气，土金五行可以避免环境中水火相战给人带来的祸患，石头还能够吸纳居住环境中邪气、煞气的负能量，起到驱邪、扶正、镇宅的作用。不论石头的形状如何、质地高低，也无论石头的色泽明暗、花纹图案是否美观耐看，也无论石头体积的大小，只要不是风化石、不是花岗岩、不是人造石，都具有化煞、驱邪和镇宅的作用。

二、石头调理奇招

用以避邪镇煞的石块。即在石块上刻"石敢当"或"泰山石敢当"的字样或其他避邪制煞符号，用红漆涂写字体，用公鸡血描画字边，再在石块的顶部雕刻虎头、狮头或麒麟头图案，放置于村口、房屋被冲的地方，用以镇压鬼邪、避煞气，保护家人平安。

凡住宅前高后低，或宅居低洼，都可在宅后埋两条"泰山石"，起到抬高的作用（注：这里说的只是"泰山石"，而不要写"泰山石敢当"）。

（1）泰山石敢当收水法

收水的意思，就是指将来水截住并收为己用。天然的河流和溪涧等，称为来水中的真水，人工修筑的道路、走廊等通道，称为来水中的假水，来水虽有分别，但同样均主财帛，只不过是能量和程度。

若住宅窗前面向着车辆行驶的道路、巷子或天然的河流、河渠等，则将"泰山石敢当"置于窗前做当煞镇宅之用，可免受退财之苦，达到化煞聚财的功效。

（2）石敢当镇宅法

可在门前受反弓路影响的地方，放置一块或二块"石敢当"挡住反弓路带来煞气的影响，同时可以收到旺财的效果。

若二条道路交叉，呈剪刀状夹住房屋，则可以在道路交叉的方位，放置"泰山石敢当"镇宅。

若城市住宅外部某方位有道路冲射，则可以在宅内相应的位置摆放纹理美观好看的石块挡煞镇宅。

若住宅靠山位置有阳台或窗户，属于房屋漏气、无靠山，则可以在阳台上或窗户下面的中间位置，放一块有气势的长方形青石当靠山镇宅。

第十一章　改造风水与破解煞气的方法

第一节　调整风水的方法

经风水考察验证，完全符合风水要求的房屋是不多的。有些地方有来龙、护砂，却没有界水；有些地方有来龙、有界水，却没有护砂，十全十美的地形是没有的。风水学认为，地理上存在不足，有些可以通过人工改造得以补救，如下几个方面可以通过人工改造达到趋吉避凶的目的：

一、开渠引水或筑塘蓄水法

这是穴位缺水的补救方法。对于只有来龙、护砂而没有来水的穴位，可以通过人工开渠引水或筑塘蓄水补救。例如，在南方一些丘陵地带的农村居民，他们都喜欢在田垅的尽头建房，而这种地方往往又没有来水，但是若在住宅前面筑塘蓄水，同样可以造就一个符合吉利风水模式居住环境。

如果建房地点背靠来龙主脉，左右又有护砂，宅前有明堂，但明堂没有水，那么可以开渠引水入明堂或在明堂内造蓄水池。这样宅地来龙贯气，明堂得水，又有护砂藏风，就形成一个不可多得的人间大吉地了。如果一个村庄附近有河流，但村庄前面的明堂没有聚水或流水，那么也可以通过人工挖沟开渠引水的方法进行改造和利用。

如果穴前有溪水流过，但来水湍急奔流，那么可以修筑堤坝拦截，使其流速缓慢或聚于穴前；如果来水"撞胸或反背"，那么可以将来水之河流改道，使其形成环护形状，给穴地注入生旺之气。运用这种方法，主要是针对较小的溪流和沟渠的，如果是大江大河，这种方法就行不通了。因此，改造环境必须首先了解环境，也就是要求我们调整风水时，必须遵循"了解自然，顺应自然"的原则。

二、培龙补砂法

如果住宅基地来龙低平、砂山低缺，那么可以通过人工堆土垫高填补，并在上面植树以增加其高度，以达到避风、聚气和调整温度的目的。例如，居住在平洋地区的居民，可以在自己的房屋后面堆土，通过人工培土修筑一个"衣领围带"状的格局，再上面种植树木或竹木，这样就可以补龙砂之不足，达到藏风聚气的效果。

三、修改门窗避煞法

这是改变住宅内部布局，以达到趋吉避凶的方法。如果住宅的大门朝向不合时运，或门窗的尺寸大小与住宅立体空间大小的比例失调，或门窗方位不合理气，那么可以通过改变大门的朝向，或改变门窗大小尺寸，或改变门窗的方位，以达到趋吉避凶的效果。如果住宅的大门或窗户正对大道、街道或巷道，那么可以采取改变门窗方位的给予调整。但是在没有吉利方位可供选择的情况下，也可采用修建照壁墙的办法加以遮挡。照壁墙建在门内或建在门外都可以，其功能和用途均是挡风和避煞。

四、风水镇物镇压法

在风水调整的实际操作中，常常会用到风水镇物，镇物有很多种，常用的有镇塔、桥梁、石敢当、照妖镜等。

河流之水湍急奔腾，常常会泛滥成灾，可以在河边修建宝塔镇

镇塔

住；来龙形势急猛奔飞，有不羁的气势，可建塔楼镇压；风水学认为，桥梁也有镇邪除妖的功能，在水口处建造桥梁，可以起到关锁和保护的作用，能使乡村、城镇留住生气，增旺财气；住宅的前后左右被大路冲射，可以在受冲射的方位处放"石敢当"或"泰山石敢当"，能起到挡煞镇宅的作用；照妖镜具有避妖驱邪的功能，凡家宅不安，凶神邪鬼作怪，人多做恶梦，可以将照妖镜挂于门楣上镇住（妖魔鬼怪忌照镜子，因为照镜子就会原形毕露）。

五、花草树木调整法

仙人掌和仙人球具有挡煞避邪的功能，若住宅周围有尖角物体冲射门窗，或有道路直冲门窗、屋后及屋腰等，可以在门窗的外面或房屋受冲煞方位的外面，对着尖角或道路直冲的方向摆放仙人掌和仙人球阻挡煞气。

如果冲煞的形气正对着门口，那么应该在进门的迎面方向不远的地方设置影壁墙，再在影壁墙对着来冲形煞的一面摆放仙人掌或仙人球等能够阻挡煞气的植物；还可以在门口处挂风铃、挂宝葫芦、挂宝剑以及摆放石狮子、石麒麟、金牛、铜象、金鱼、金鸡等避邪、

风铃

金牛

宝剑

化煞又能助运招财的物品。

第二节　形煞及破解煞气法

　　形煞是指屋外峦头的凶险形状给住宅带来的一种煞气，下面举列说明常见形峦煞气及其化解方法。

一、反光煞及其化解方法

　　反光煞是指阳光照射被折射后，给房屋带来的一种煞气。

　　如果房屋建在大海或湖泊附近，那么阳光照射海面或湖面，海水或湖水便会把阳光折射到屋内，形成反光煞。因海水和湖水表面的起伏状态，会把投射到水面上的阳光多角度地折射得金光闪闪，当它照射到住宅内部时，就会使人头脑迟钝、精神分散。

　　另有一种反煞，是在城市中心或街道商业中心出现的，这主要是指大厦外壳的玻璃幕墙（镜子），当镜子受到阳光照射后，就会把强烈的光线反射到房子里，这便犯了反光煞。反光煞对人的危害极大，容易使人发生血光之灾或碰撞之伤。

　　反光煞的化解：对于一般强度的反光煞，可以在住宅玻璃窗上贴上半透明的磨砂胶纸，再把两串明咒葫芦挂在窗边的左右二角处，又在窗台上摆放一个木葫芦或铜葫芦。反光煞较强，则不仅要放木葫芦或铜葫芦，还要多放两串五帝古钱配白玉明咒才能化解。

二、割脚煞

割脚煞是指穴前的割脚水。在大城市中心很少见到割脚水，在效外的山边或海边才可多见。

古籍《山龙语类论》中说："割脚水，水贴穴前，扣脚行也。"割脚水紧贴穴前，有迫穴（房屋）之感，虽然在当运之时能发财，但也不会长久。

割脚水的化解：因割脚水有运气反复的特点，当运时可使主人大富大贵，而失运时却使主人一落千丈，很难运用固定的化解方法，最好是在犯煞方位摆放八白玉。

三、镰刀煞

镰刀煞是指形状如同镰刀一样的形峦事物给住宅造成的一种煞气。例如弯如镰刀的天桥、小山丘和马路，都会给临近的房屋带来煞气，而且它们的杀伤力都是一样的，都会给宅主招致血光之灾。

镰刀煞的化解：在犯煞方位摆放一匹铜马及五帝铜钱二串，可以化解此煞。

四、孤峰煞

形成"一楼独高人孤傲"的格局。孤峰煞是指一座楼宇的前朱雀位、后面玄武位、左方青龙及右方白虎位都没有靠山或大厦，如果只有矮小的山丘也是孤峰独耸。经云："风吹头，子孙愁"，凡犯孤峰煞都得不到朋友的扶助，子女不孝顺或远走他方，例如移居外地等等。

孤峰煞的化解：只要在生气位或旺气位安放明咒葫芦和铜葫芦便可以化解孤峰煞，令家人上下一心，一团和气。

五、枪煞

这是一种无形的气，一条直路一条枪，即是指住宅大门正对着一条直长的走廊，便是犯枪煞。另外窗外晾衣服的竹杆，也属于枪煞的一种。

以本身住所作为中心点，见有直路或河流等向着自己家宅冲来（不论开门见或是窗外见均受影响）也是枪煞。

对主人的影响：主血光之灾、疾病等

化解的方法有两种：其一是挂珠帘或放置屏风；其二是在窗口安放金元宝或麒麟风铃一对。

六、白虎煞

"左青龙，右白虎"，指的只是方位概念，但是这只白虎与白虎煞是有关系的。因为白虎煞是指右上方有动土，或是在一座大厦的右方有楼宇兴建或拆卸。凡居所犯白虎煞的，重者会有人伤亡，轻则家人会多病或因病而破财。

化解的方法：在受冲煞位置的墙边放置两串五帝白玉。如果此方同时犯上流年凶星煞，则要放上两只麒麟和明咒葫芦。

七、天斩煞

从自己的家宅向外望，见前方有两座大厦靠得很近，致使两座大厦中间形成一道相当狭窄的空隙，骤眼望去就仿佛一座大厦被从天而降的利斧所破，一分为二似的。

天斩煞对主人的影响：主有血光之灾、动手术及危险性高的疾病等。

天斩煞的化解：简单的方法是摆放铜马，再摆放大铜钱和五帝古钱。若情况严重，就用麒麟一对正对着煞气冲来的方向。

八、穿心煞

在地下铁路上面或隧道上面盖房子，因行车都从房屋下面穿过，户主便犯了"穿心煞"。

穿心煞对主人的影响：如果大厦犯穿心煞，那么此煞对较低层的单位影响较大，致使宅运不稳，财运差，且居住主人身体健康较差及易生血光之灾。

穿心煞的化解：在旺气或生气方安放铜葫芦和五帝明咒，能避免地底穿心煞的影响。

九、天桥煞

城市中自高而下的天桥有弯、折、斜的情况，因天桥为虚水，弯为抱揽有情，折为缓和气流直冲生煞，斜去为水走，是泄财之象。天桥环抱为吉，反弓为凶，天桥横在大厦的面前，不吉也不凶，这都是指桥面的情况。

天桥煞是在高的地方一直向下斜落没有折段。犯天桥煞的多数是财运差，因为有泄财之意，天桥煞同箭煞都是一样。

天桥煞的化解：在见到天桥没有折段的斜走的方位，靠斜下阶梯较高的一端直对的位置，摆放开光的铜大象以收外泄之气。

十、炮台煞

枪与炮都是具有很强杀伤力的武器，特别是大炮对生命的杀伤力更强，连它的模型或废旧炮台上的原形炮体都能给人带来一定程度的伤害。风水学上说的炮台煞，是指一座真炮或模仿大炮制成的假炮，对着居民住宅楼给居民带来的煞气。这种煞会使住宅主人脾气暴躁、情绪不稳或因财失义。

炮台煞的化解：炮台煞的杀气甚大，在家庭里需要摆放的化解用品较多。通常在窗口两边挂一对麒麟风铃，再于中间位置摆放一个送财童子，或挂一串五帝古钱及五串明咒葫芦。

十一、开口煞

开口煞是指大厦楼房中的升降电梯，对大厦里的住户带来的不吉利的影响。

当打开住宅的大门时，见到升降电梯门的开阖，好像老虎开口想噬人一样，这样的住宅便犯了开口煞。若开口煞位于住宅的右边（白虎方），那么此煞的杀伤力度就更强，容易使主人发生血光之灾。风水古籍有云："冲起乐宫无价宝"，意思是电梯门口若位于当运旺位处，就会有喜庆之事，但失运时就不利人的身体健康及财运。

开口煞的化解：在门楣上挂已开光的明咒观音，再于门的两边各挂一串五帝古钱。若把五帝古线藏在木门槛内，则化煞的效果更佳。

十二、刀煞

刀煞是指住宅附近的刀状物体，好似一柄尖刀向住宅劈来，给住宅主人带来一种无形的煞气。住宅犯了刀煞，家人容易受伤或犯严重的血光之灾。

刀煞的化解：在家中摆放已开光的龙神座，可化解刀煞之灾。

十三、冲煞

冲煞是指高层楼宇中五楼以下的居户，门窗被地面上的灯柱或高大树木挡住，而灯柱或高大树木给住宅主人带来的冲煞。犯了冲煞的家宅，家人容易染病、运气下跌、易招口舌是非、事业不顺。

冲煞的化解：可以在犯冲煞的门窗两边各挂一串已开光的五帝古钱，也可以挂珠帘或设置屏风阻挡煞气。

十四、孤阳煞

孤阳就是纯阳的现象。

孤阳煞是指住宅附近有发电机房、锅炉房或油站，给住宅造成的一种纯阳的煞气。住宅犯了孤阳煞，家人容易脾气暴躁或因财失义，家里嘴角也多，家人吵吵闹闹。

犯孤阳煞的条件是：住宅必须毗邻电力机房、锅炉房或油站，才算是犯了孤阳煞。若只是从门窗看见远处有电力机房、锅炉或油站，则不算为犯孤阳煞。

孤阳煞的化解：将已开光的葫芦和八卦罗盘，挂于犯煞方位的墙上。若宅主体弱多病，则在同一位置上加挂两串明咒葫芦。

十五、独阴煞

住宅大门前面有公厕或垃圾站等肮脏场所，就犯了独阴煞。若是大厦是宅楼，那么五楼以下住户比较容易犯独阴煞。

"孤阳不长，独阴不生"，犯了独阴煞，家人的身体健康受损或因病破财。

住宅大门毗邻垃圾站，凶性更重。

独阴煞的化解：若是住宅犯了室外的独阴煞，则可以在家中摆放葫芦和五帝古钱，若是室内的独阴煞，则于室内贴近厕所的墙壁上挂四串明咒葫芦。

十六、声煞

吵耳声或震耳欲聋的声音皆为声煞。住宅邻近机场、铁道、地铁站或住宅附近的楼宇正在进行打桩工程等多犯声煞。

声煞对人的影响：声煞对人所造成的影响主要表现在精神方面，会令人心绪不宁及烦躁不安，精神不能集中等，在声煞长时间的影响下，更会影响人的身体健康。

声煞的化解：声煞是一种不易化解的煞气。若在坤方（西南）出现声煞，凶性尤强，可以在坤方安放铜葫芦或两串麒麟风铃吸收凶气及镇煞，但亦不能消除声音煞气的全部影响力，尽量关闭窗户，或选用隔音功能较好的玻璃。情况严重时，可用上双层玻璃。

十七、天秤冲射煞

住宅附近有正在建筑中之楼宇，若在门窗前见到楼盘的顶层如有类似天秤形状的建筑机械（吊机），谓之天秤煞。此煞常与声煞同时出现，同样是来自兴建楼宇时带来的煞气。如果家中犯天秤煞，距离远者杀伤力较弱，距离近者家人容易受伤或眼部有问题。

天秤煞的化解：立即在受冲的方位安放已开光的龙神座及五帝古钱配白玉化解。

十八、尖射煞

尖射煞同枪煞一样，其分别在于尖射煞的尖角通常不止一个，且不是集中指向某一方。例如：尖石山、家中的假山、仙人球或仙人掌等；枪煞则是集中指向一个目标射入家中。在家中向外望，视野内看到尖石山等，便是犯了尖射煞。

尖射煞的化解：在家中见煞的方位安放莲花杯和五帝古钱可以减轻该煞之凶性。

十九、反弓煞

在地面的反弓煞可以使整座大厦的人容易受血光之灾或破财。出现在东方与西方的反弓煞，其杀伤力尤大，如果在一个村庄的东西两旁出现反弓煞，那么整个村都会犯上血光之灾，以及金钱大量破耗或失意、失败等等。真水的反弓力量比地面的大，买楼时要小心观察四周环境，免招损失。

反弓煞的化解：利用已开光的运财童子可化解此煞造成的血光之灾。遇有破财泄运之势时，可在反弓位安放明咒葫芦和五帝古钱，也可用麒麟一对放于犯煞方以挡煞。

二十、火形煞

屋外有尖锐状的物体冲射过来，住宅即犯了火形煞。火形煞有如下几种：

1. 大厦的墙角（成九十度角者）；

2. 檐篷、亭角；

3. 公园内一些呈尖锐的艺术雕塑或类似物体；

4. 三支以上的烟囱；

5. 住宅向着道路成分叉或三角、锐角者等。

火形煞对人影响：火形煞的影响迅速猛烈。身体方面易生急性疾病，如盲肠炎；身体还容易受伤。

化解的方法：可用铜貔貅挡煞，再在门下吊铜钱以加强力量，把煞气向四方扩散，瓦解煞气的杀伤力度。

二十一、廉贞煞

楼宇若能依山而建成"后方有靠"者,方合乎风水原则,属于有"靠山"之吉相。"后靠明山当掌权",明山者,即树木茂盛或山形秀丽的山。但假如楼宇所靠之山并非"明山",而是山石嶙峋、寸草不生的穷山,风水学上则称此为廉贞煞。

廉贞煞对人的影响：靠山在风水学上所代表的人物为上司及长辈,"后靠廉贞恶山"的影响主要表现为上司或长辈会为难自己，令自己的才能无法发挥。即使自己身为行政人员时,也主自己没有实权,部属多阳奉阴违。

化解方法：1、经常把窗帘落下；2、并于犯煞方挂葫芦或五帝明咒两串；如严重用貔貅四对挡煞。

二十二、刺面煞

门前或窗前见岩岩耸耸的小山坡，为犯刺面煞。

影响：住户易遭打劫或被窃；住所内的人容易做犯法的事情。

刺面煞化解：在门前或窗前犯煞之方位，挂上两串明咒葫芦或摆放铜大象。

二十三、蜈蚣煞

蜈蚣煞即是安装于外墙上的水管和污水管等，一条主干有多分支，恍似一条蜈蚣。若推开住宅窗户就可望见这些物体，便是犯了蜈蚣煞。

蜈蚣煞对人的影响：容易使人犯是非口舌、工作不顺利。

蜈蚣煞的化解：用铜鸡一对摆放于犯煞方可化解，是取其形以制蜈蚣煞的方法。

二十四、天线煞

天线煞是指住宅近处有卫星天线，而卫星天线给住宅造成的一种无形煞气。卫星天线体积象蜈蚣庞大，故天线煞对人的影响较大，尤以近距离见煞为甚。

影响：健康差，易疲倦，压力重，工作易生波折。

天线煞的化解：用石狮子一对面向着煞方以挡煞。

二十五、顶心煞

门前或窗前被灯柱或路牌等直柱形物体垂直冲射过来，给住宅带来的煞气。

影响身体，不利健康，脾气暴躁，血光之灾等。

顶心煞的化解：以五帝明咒两串制煞。

二十六、味煞

味道中的臭味入鼻引起人反感者，为味煞。例如臭河、公厕、污水渠、垃圾站及焚化炉等所发出的臭味，令人欲呕，即为味煞。

影响：不利健康，工作不顺利等。

味煞的化解：经常将窗门关闭及使用空气清新剂。

第三节　住宅风水不良的改造方法

人们在建筑或购买住宅时，通常是处于运气最好的时期。然而，当家人搬进去之后，一向平安的家人，突然一个接一个的病倒，或陷入精神不安的状态，甚至在工作上，或者在爱情、财运、事业上，屡遭挫折与失败。这些现象，大多数是由不良的住宅风水所引起。

居住于风水良好的住宅里，一家人其乐融融，欢笑声不断。一旦住进入风水不良的住宅，人际关系将变得不融洽，夫妻反目，家庭不和等等。由此可见，住宅风水是不能忽略的。

住宅的地理环境的好坏，对人影响很大。好的住宅风水，以及好的住宅地理环境，能够满足人们健康的需求。如果有了凶相的风水信息，就可能有凶险及灾祸发生。例如，在东北或西南方向设置正门的话，容易招小偷，还很容易发生到桃色的事件，从事交易的人，亦可能受到很大的损失。

有的住宅风水影响婚姻运。以男子来说，如果房子的东面、东北面、西北面或北面有很大的缺角，同时又放置不洁之物的话，则婚姻难成；以女子来说，从屋子的中心看过去，如果在西面四十五度内，有水井、净化槽、水池等，或与水有关的东西，那么会造成女人婚姻不顺，尽管女性美如天仙，还是嫁不出去。还有可能导致女人婚后放荡淫秽，而风流地过一辈子。

一、厨房方位不良的改造方法

厨房风水跟家中女人的身体健康和财运存在着直接的、密切的关系。迁入新盖好的房子后，女主人骤然生了重病，或陷入精神不正常状态，或者因家里芝麻小事大发脾气，如果这些都不属于女主人原先的自身肉体和精神所造成的，就必须认真地检查厨房风水了。迁入新居后，如果女主人的财运在满三个月后就出现滑坡现象，或败小财，或败大财，那么也应仔细检查一下厨房风水。

检查厨房风水，应从房屋的中心点去看，还要从厨房的中心点看，即大太极看了，小太极也要看。检查厨房风水，主要是检查厨房的方位，尤其是厨房中炉灶和洗理台的位置。把厨房设在房子大太极的北方、西方、东北方与西南方，都会使家人的精神和肉体上受到创伤。厨房在北方，家中女主人容易患子宫炎、阴道炎等生殖器方面的疾病，还会使家里的中男运气不顺和身体出现毛病；厨房在西方，家中女主人财运必定不好，精神失常，还会使家里的幼女运气低沉，而且容易患上咽喉炎、鼻炎、哮喘疾病；厨房在东北方，家中女主人易患肠胃方面的疾病，财运也会相当地差，家中的少男也会消化不良，不欲饮食等；厨房在西南方，家中女主人会患严重的脾胃疾病，运气也会严重地下降，还会与丈夫吵吵闹闹、感情不和，至使自己陷入寂寞、孤独的境地。

鉴定厨房位置的风水，主要是查看炉灶和洗理台的位置是否妥当。如果从大太极看，厨房处于不吉利的位置，那么就应考虑小太极了。炉灶不能安置在东北方、西南方、北方、西方、西北方和南方中间15度的位置，否则必须通过化解才能确保家人身体健康；另外，还要把炉灶与洗理台隔开大约六十公分左右的位置，再将炉灶移至东南方或东方。

二、厕所方位不良的改造方法

从住宅风水角度来说，厕所给家庭引发的凶祸最叫人害怕。尤其是厕所位于家宅的西北方、南方、鬼门的东北方与西南方，更会招致不良的结果，会给家中的男女主人及老人的身体健康造成极坏的影响，容易患动脉硬化、肺气肿、尿毒症、泌尿系统疾病、眼疾、心脏病、脾胃病、便秘、下痢症和气血不调等顽症。

如果从整体房子的中心来看，厕所已属于以上几个不吉利的方位了，那么就必在厕所这个小空间里作文章了。若厕所位于住宅大太极的西北方，则可将"便器"的坐向线度进行调整或在厕所小空间里将"便器"的方位改动，使其"避西北方、南方、东北方、西南的位置，再运用恰当的磁砖颜色加以调理与化解，达到趋吉避凶的效果；若厕所位于住宅大太极的南方，则将"坐便器"或"蹲便器"的坐向线度避开子午线，同时移动"便器"，避免在子午位安置"便器"。改在厕所空间里的北方和西方两个大方位的天干位置安"便器"；若厕所位于住宅大太极的东北方或西南方；就将"便器"的坐向线度避开坤艮线，同时避免在厕所空间的坤位线艮位安置"便器"。

三、楼梯方位不良的改造方法

楼梯最忌讳的方位是房子的中心位置，如果已把楼梯设在房子的中心位置，那么家人极容易发生车祸、子女升学考试失败、婚姻难成、生意告吹、交易赔钱、官职无法升迁等，这些就是最具代表性的灾祸。

楼梯位置不妥，又不能移动楼梯，往往会给家人带来忧愁，甚至遭受到很大的打击。但我们也不能让处于房子中心带有凶意的楼梯，原封不动地保留在那里，总要得想个好办法不可。笔者真诚地告诉读者，这里所说的"中心"并不是指在一脚踏上楼梯的那一处，而是指从一楼踏上楼梯后爬到二楼、三楼或者四楼平台的出口位置。也就是说，测定楼梯是否处于房子的中心，主要是看楼梯在二楼以上各层平台的出口位置，一楼的楼梯脚处于房子的中心，也不会发生问题，最重要的是要测定爬往上一层楼的楼梯口位置。

如果楼梯在上一层楼的出口位置恰好位于房子的中心，那就相当不妙了。住进去以后，家人的运气就会很快地变坏，甚至会不断地发生突发事故，必须尽快调整、改造。只要将楼梯道往上层楼的出口改移位置，就可以很快地恢复家庭的最好运气，例如将楼梯通往上一层楼的出口改建在接近进门的右侧弯曲上楼，不要改动楼梯的整体空间，就可以达到趋吉避凶的效果。

237

四、房子前门方位不好的改造方法

住宅的前门是一所房子进出的方位，前门的纳气左右着一家人的运气。

前门绝对不能开在西南方位中心十五度坤位的鬼门方向，否则以凶相论。门开在坤位，其凶意主要表现为：家人做事缺乏周祥的考虑，会轻率地答应帮助别人做自己没有能力办到的事情，甚至会在一时冲动的情况下，从事莫名其妙的勾当；会导致工作不如意、事业失败、运气衰退，还会使家人的信用度下降，屡次受到别人的欺骗。如果门已经开在整体房屋的西南方，那么最好把它改移到东方、东南、西北方或者南方的吉利位置；如果无法改移前门，就改变前门的方向，也可以达到趋吉避凶的目的。

前门开在东北方也属于凶相，特别是门位处于东北鬼门中心十五度的位置上更凶，改善的方法与上述相同。如果住宅前门已移到东方、东南或者西北位置；如果无法改移前门，就改变前门的方向。

前门开在西方位置，也会使主人事业不顺、家庭运气衰退。如果住宅前门已经开在西方位置，那么可把它改移到西北方位置。

在罗盘上的十二地支方位开门也有忌讳，如果门位处于家人生肖对应的地支方位上，那么这个前门也带有凶意，会对门位地支对应的生肖所代表的人物带来不利的影响。例如，家人是卯年出生，而前门却开在东方卯位上，就会对卯年出生的人造成不利的影响；辰年出生的人不利走东南方辰位的前门；午年出生的人，不利走南方午位的前门；未年出生的人，不利走西南方未位的前门，无论在哪一个地支方位开前门，都会对该地支代表的年份出生者构成不利的影响，应当改移门位或进行化解，以减少其凶意。

五、神佛坛摆设方位不当的改造方法

家中摆设神佛坛的意义深远，最重要的是每天清晨起来，在神佛坛前面拜拜神佛，以表示敬谢之意，可得到神佛的保佑。但神佛坛的摆设是有讲究的，不可随便摆弄，否则就没有什么意义，甚至会使神佛变成凶相，对家庭带来负面的后果。

以下六种情形，会使神坛变成凶相，必须引起注意：

1. 神佛坛与卫生间相邻。
2. 神佛坛设在东北方和西南方的鬼门方位。
3. 神佛坛朝北方、朝西南或朝东北。
4. 用陈旧肮脏的木材制做神佛坛。
5. 把神佛坛设在衣柜里或设在不干净的地方。
6. 把神佛坛设在厨房或储藏室里。

神佛坛所占用的地方面积不大，改移方位并不困难。如果家中摆设的神佛坛已经犯了以上六种忌讳，那么应当尽快地改移方位、调整坐向或使用新材料重新制做。家庭里的神佛坛朝向，可以坐西朝东、坐北朝南、坐东朝西或坐西北朝东南；家庭摆设神佛坛的位置在住宅客厅的中堂处。神案和佛案的摆设方位是不同的，佛案最吉方位是住宅的西北方，神案最吉方位是住宅的中堂位置。

六、窗户方位不好的改造方法

东北和西南鬼门方位上设天窗和壁窗不算是凶相，但是如在这两个方位中心15°设置从天花板到地面的落地窗就藏有凶意了，极容易招致窃贼光顾家宅。在鬼门线上有落地窗户，应该把窗改造成墙壁，若实在难于办到，则可以把落地窗上的玻璃固定，然后在玻璃的外侧用木板贴上，增强安全感。

如果住宅的后门或者是厨房门开在二个鬼门的中心位置，那么最好把门框拆除堵上，重新开门。

七、孩子房间方位不好的改造方法

从房子的中心看，西北方位象征权威、成熟和厚重等，它是一家之主的位置。如果在住宅的西北方位设置孩子的房间，那么会使孩子早熟、变得太老成，喜欢跟别人讲道理，使得周围的大人紧蹙眉头。还会使他在同龄朋友面前指手划脚，招来朋友们的讨厌，最后一个个地离他而去，对他的将来没有丝毫益处；把西北方做孩子的房间，还会丧失小孩的纯真，也不利学业。

设置男孩子房间的最佳方位是东方的房间，女孩子房间的最佳方位是东南方或南方的房间。如果这种定位不能做到，那么孩子居住在属于他自己的生肖对应的十二支方位的房间也是吉利的，例如龙年出生的孩子居住于东南方位置的房间，子年出生的孩子居住于北方位置的房间。

如果住宅的空间有限，孩子的房间不够大，那么最好运用颜色来补救。孩子的房间，可使用粉红色、紫色、或绿色的暖色系，只要改变房间墙壁的颜色，房间的气氛就会转变过来的。

孩子已经居住在西北方房间了，改善孩子房间方法很简单，一个家庭里都会有父母房间、孩子房间和老人房间，只要选择一间有利于孩子学习、睡眠和成长的房间，两者交换就可给孩子带来益处。交换房间的最理想的方法，就是让男孩子住在东方房间，北方房间也可以；让女孩子住在东南方或南方的房间，西方房间也可以。

八、住宅缺角的改造方法

最理想的房子形状，是长方形的住宅，尤其是以东、西长的长方形房子最好。但当代社会的建筑，都侧重于追求建筑物外观的巧妙设计，不重视风水方面的要素，往往给房子造成凸出或凹入的弊病。房子某个方位的凸出还不足为害，但凹入就藏有凶意了，会给人的身体健康、事业、婚姻和财运带来不利的影响。凹入的部分越大，对人的不利影响也就越大。

房子某个方位的凹入，用风水的行话来说就是缺角。所谓缺角，就是指建筑物的一边凹入的部分在三分之二以内或正门往内缩。

房子中的八大门位都代表一位家庭成员，当某个方位上存在缺角情况时，就会对该方位对应的家庭成员造成极为不利的影响，应验时间一般在于这位家庭成员运气低沉的年月中，运气发旺时凶意不够明显。例如，一个人的命局正在行财官喜用神大运，火红的运势可压倒一切凶神恶煞，身体健康、事业顺利、婚姻家庭幸福等等；但是一旦进入败运时，经商者就会突然赔钱或倒闭，在政府机关上班的就会被降职身体多病或有强烈的失落感，以至陷入失败的灾难中。

房子的缺角虽然会影响一个人的运气，但是不会因缺角而使人致命，一般在三年内察觉到时，立即着手采取"缺角补强"措施也不晚。只要及时地把缺角的部分修补或摆放风水物品化解，那么已衰退的运势就会逐渐地恢复强旺起来。

九、住宅凸出的改造方法

房子某个方位凸出与缺角恰好相反，就运势而言，凸出会给家庭成员带来正面的效果。所谓凸出，是指建筑物一边的长度中，有三分之一以内向外侧凸出的现象。

住宅的形状呈东、西长，而且是六比四的长方形最为理想。如果住宅西北方或东南方存在缺角的情况，那么对宅主及其子女的事业、婚姻、学业及家庭生活都会造成不利的影响；但是，如果西北方或东南方有合乎标准的凸突情况，那么家庭的整体运势及爱人各方面的运气都会好转和增强。

虽然说，房子某个方位有凸出的情况是属于吉利的现象，但是各方位的能量性质不同，并且它们之间本来就有吉凶之别，因此各个方位凸出的情况也存在吉凶的分别。西北方、东南方、东方、南方和北方有凸出是属于吉利的，然而东北方和西南方两个鬼门方位绝对不宜凸出，否则会使家庭的运势一天比一天地衰退。特别是更不允许住宅的西南方有凸出的现象，同时东南方又存在缺角的情况。

改造房子凸出的方法是：（1）把房子中凸出的部分拆除；（2）可以增建或扩建房子，使凸出的现象消失。例如，住宅的东北方凸出，那么可以从东方至东南方一线增建筑物；若住宅西南方有凸出，那么可以从西方至西北方一线加盖建筑物，也可以从南方至东南方一线扩建房子的面积空间。

十、房顶不好的改良方法

中国古代的民居住宅，几乎都是通风透气的瓦房。到了现代，各地都出现很多南美情调和西班牙情调的住宅形式，这些房子根本不讲究风水的吉凶因素，都是强调以外观设计为主要倾向，结果使房子变成了风水上的凶相。例如倾斜度很大的三角屋顶的房子、一面坡屋顶的房子和平坦屋顶的房子等等。人住进这样屋顶的房子后，一方面容易使人患上神经过敏症及忧愁症；另一方面会使主人心情不愉快，经常与邻居发生纠纷，无法跟他人和睦相处。

斜度较大的三角形屋顶，会使房子内外的气体变得异常，容易使女主人出现神经性毛病，还会使年轻夫妇情绪不稳定，经常发生口角。改良方法是：最好在三角形屋顶的半腰处切断，然后再筑一个平台屋顶盖在上面，这样既美观又符合风水要求。

一面坡屋顶有一个突出的缺点，就是会吸收太多强列的阳光热能，使房子的外气温度升高，炎热的外气笼罩在屋顶上，容易使屋里人身体的韵律趋向不正常的状态。若在屋顶上面铺一层较厚的光滑发亮的白色磁砖，就可以把屋顶上面强烈的光热反射掉，使人身不受光热的异常影响。

平坦屋顶是民间建房较为普遍采用的屋顶形状，钢筋混凝土的房子，几乎都是平坦屋顶。平坦屋顶的突出特点是房顶上面平坦，热传导比较迅速，在不同的气温状态下会使屋内变得很热或者变得很冷，对居住者的身体健康影响很大。可在屋顶上铺盖隔热层和涂上能够帮助退热的白色涂料或油漆。

在屋顶上设游泳池虽可隔热，但是存在一样的忌讳，是绝对不可取的。

十一、庭院水池方位不好的改良方法

一般有钱人家都想建一栋豪华的住宅，再在院子里挖一个养鱼池一显示家庭的富有。然而很少有人知道，在豪华住宅的庭院里布置水体或养鱼池，大约有80%的住宅女主人或老人，都会出现身体长期不舒服或眼睛视力下降的现象。或者家庭不和、孩子的精神状态很差，或者是烦恼之事续二重三地发生。这些不如意的现象发生，除了少数个人自身原因外，大多数都是来自家庭院子水池的影响。特别是现在的私人房子附设密闭式的水池，空气不能流通，池里的水质腐败，对人体的健康更容易造成不良的影响；普变水池旁边湿度很大，容易滋生细菌，一旦这种细菌集结在一起，随时都会引发灾害，这是庭院风水变成凶相的主要原因。

从方位来说，庭院的西北方、北方、东北方、西方和南方有水池，都会使院子的风水磁场信息变凶，必须以正确的方式将水池除掉、填平。在填平水池之前，首先必须把池里的水抽干，再把池底下的泥巴完全掏净（池底若有混凝土板块也要敲掉），还要把水池下面设置进水管或出水管全部撤掉，用新土壤填平，然后再选择吉利的方位设置水池。

如果在私人住宅较大的庭院里挖池塘养鱼，必须使水池与房子的距离保持有十八米以上，设置水池最有利的方位是东南方，其次是东方和西南方（仅限于八运），水池里的水是流动的更好。饭店、酒店、工厂和公司的人口集散不常，池水的影响不会发生重大的凶险问题，只要仿照上述私人住宅庭院设置水池的做法，把水池做成环流式，池子的周围再种植一些树木，就成吉相的风水模式了。

十二、建在三角形土地上住宅风水的改良方法

三角形土地是住宅风水的最大忌讳。虽然都以为长方形的建地是吉利的，但是实际风水操作上，在三角形的土地上建房的情情比比皆是。

三角形土地突出的特点是：会给居住者精神方面的打击或使人思维不能完善，生意方面也会蒙受打击，事业也会受到很大的挫折。

如果已经在三角形的土地上建房居住了，那么应尽快把它变成吉利的形状。只要三角形土地有相当的宽度，就把三角形中尖锐的部分用围墙或树林隔断，在日常生活上不要使用这个锐角部分；可以将隔开的尖锐部分弄成花坛或作菜园，也可以种植一些低矮的，具有观赏价值的树木，在日常生活中不要使用这个尖锐部分。但是，如果三角形的地块小得可怜，那么隔开的锐角部分可以不用。

如果能有效地利用三角形的土地，就能使其凶相转变成吉相，人居住在这里，不仅身体好，而且财运、事业也好。

十三、三角形门顶的改良方法

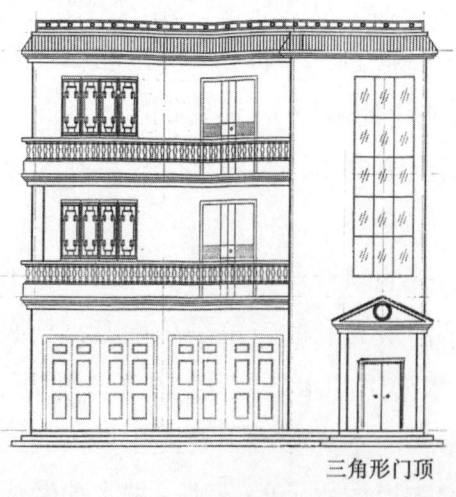

三角形门顶

三角形的门顶属于凶相，会给出入门户的家人造成心理上的压力和精神上的恐惧症，还会损害家庭的声誉，甚至会招来口舌官非。

只要把三角形的门顶改成半圆形或长方形的形状，就可以使三角形门顶的凶意消失变成吉形。朝西北方和西方的门，最忌制作三角形门顶。左图中，

一层左边大门为三角形门顶，凶！应改为半圆形。

十四、住宅三面被道路包围的改良方法

三面被道路包围的基地不宜建房居住，因为住宅的三面被道包围，是名副其实的凶象，虽然其凶意程度不及古战场或发生过凶杀事件的地方，但是一家人常常会遭受外伤或突发事故的危害，并且其凶意会随着时间的推移越来越激烈。住宅三面被道路包围，主人容易患肠癌、脾胃等腹内疾病，还会导致主人事业不顺、人际关系不好、家庭成员之间不和睦等等。

这里所说的道路，是指公共的道路，并非指私家的小路。

住宅三面被道路包围的情况，根据八卦方位的不同，其凶意程度也存在强弱之分。按照凶意对家人的影响程度来论，以东方、北方与西方三个方位都有道路包围住宅的情况最凶，其次可按次序论其凶意，北方、西方与南方三面包围住宅，南方、东方与北方三面包围住宅，南方东方与西方包围住宅。

如果三面被道路包围的住宅建地狭窄，那么很难得到好的改善，为安全起见，应尽早搬走；如果住宅的凶相是可以改善的。下面介绍住宅三面被道路包围的状态做改善的方法：

1. 西方、北方与东方三面被道路包围的改善方法。

住宅的西方有水有路都是凶相，只要把西方的道路遮挡住即可解凶。可以在住宅西侧的道路旁边拉一道围墙或在路边种植树木林带，阻挡西方道路的路气侵拢住宅，这样居宅之人就会安全了。如果住宅的西侧有门，就把它堵起来，再于东侧开设新门，但新门必须避开主人生肖对应的地支方位。

2. 北方、西方与南方三面被道路包围的改善方法

住宅的北方位置宜高、宜实、宜静，不宜低、空和动，只要在住宅北侧道路的旁边种植树木，把流动的气流挡住即可以解凶。

如果住宅的北侧有门，就把它堵死，再于南侧造新门，但新门不宜开在主人生肖对应的地支方位上。

3. 南方、东方与北方三面被道路包围的改善方法

在北侧道路旁边种植树木（如橡胶树）等，就可以恶劣的居住环境变成有利的居住环境。

如果住宅北侧有门，就把旧门堵塞，改在东方至南方之间设置新的门位，但必须避开主人生肖对应的地支方位上开门。

4. 南方、东方与西方三面被道路包围的改善方法

住宅的西边有道路为凶相，可以在住宅西侧道路旁边种植树木，防止西方气流入侵住宅。也可以在西侧筑一道围墙，堵住西方的气流。

如果住宅原先已经在西侧开门，那么可以将旧门堵塞，再于东侧开设新门。

十五、住宅空间不吉的改善方法

房屋的外形或内部空间以方正为佳，若是呈狭长形或不规则形状，则均视为凶兆。

方正无缺的房屋大吉大利，这是几千年来，人们深受"天圆地方"观念影响的结果。中国传统的建筑物是以方形为主，以圆形为辅的，无论是房屋的外墙或者内部的厅堂和房间，都四平八稳、堂堂正正、不偏不倚的方形气势，而且家庭中日常使用的物品也是以方形和圆形为主的。

但是进入了现代，特别是到了当代，在大城市里有很多高楼大厦内部住宅空间或普通房屋却是狭长形式不规则形，居住在里面的人始终难于安心，心里产生的恐惧之感很难消除。哪些狭长形或不规则形的厅堂或房间，是人们倍感关心的问题，因为住宅风水中的凶相，应该采取恰当的补救措施加以改善。

狭长形房子，是指长度超过宽度一倍以上的房子。例如，房子的长度是二十米，而宽度只有八米。狭长形的房子，不但其风水信

息不吉，而且室内摆设方面也很难达到理想的境界。改良狭长形房子的最简单的办法，就是把狭长的空间用矮柜等家具把它一分为二，把狭长的空间切割成为两个方形空间，这样既符合风水之道，又能增强美感。用来作间隔的矮柜等家具的高度在九十公分以上，但矮柜的高度不能超过一百八十公分，这样可使被分隔的两个空间气流相通，声透度也强。

在厅堂中，用来作间隔的家具尽量避免直对正门，否则对居住者的身体健康不利，也会使主人发生外伤事故。如果厅堂中用来作间隔的矮柜正对着卧房门，那么可在矮柜对着卧房门的一端旁边摆放一盆植物化解来补救。

狭长形的卧房，可以用矮柜分隔的方法把它一分为二，也可以用隔板分隔。分隔后的空间应根据需要再做调整，一边可作睡房，另一边可作书房或化妆间。

十六、房间内镜子位置不吉的改良方法

镜子与玻璃都是家居中常用的装饰物品和材料。如果对镜子或玻璃运用得当，那么不但能够增强房屋的深度感和宽阔感，而且还能增强房屋的照明度；但是，如果运用得不当，那么不但会破坏室内的气氛和格调，而且还会对家人的身体健康造成不良的影响。

在风水上使用的镜子有很多种，如八卦凹镜、八卦凸镜、八卦平镜和白虎镜等，这些镜子的主要作用是"收煞"与"挡煞"。八卦凹镜具有聚焦的功能，可以把凶煞吸收过来化掉；八卦凸镜、八卦平镜和白虎镜具有反射功能，这些镜子照着凶煞正直冲来的方位，能把煞气反射回去，以免主人被煞气冲克而受损。

家庭里使用镜子，不宜正对着吉利方位，即不宜正对着家里的神佛坛，不宜对着住宅大门或后门，不宜对着床头，不宜对着炉灶。镜子正对家中的神佛坛，家人容易患精神方面的疾病，易如口舌是非，家人不和睦；镜子照着床头，会导致主人睡眠不宁，甚至疾病缠身；

镜子对着厨房或炉灶，女主人会生病、败财，甚至使人丁不安；镜子对着大门或房间门，家人情绪不稳、脾气暴躁、运气不顺，甚至会招来口舌是非。

八卦凹镜

八卦凸镜

白虎镜

八卦平镜